수능 감[感] 잡기

수학영역

미적분

| 교재 내용 문의 | 교재 및 강의 내용 문의는 EBSi 사이트 (www.ebsi.co.kr)의 학습 Q&A 서비스를 활용하시기 바랍니다. | 교재 정오표 문의 | 발행 이후 발견된 정오 사항을 EBSi 사이트 정오표 코너에서 알려 드립니다. EBSi 사이트 ▶ 교재 ▶ 교재 정오표 | 교재 정정 신청 | 공지된 정오 내용 외에 발견된 정오 사항이 있다면 EBS에 알려 주세요. EBSi 사이트 ▶ 교재 ▶ 교재 정정 신청 |

정시 확대! 수능 개편!
완벽한 수능 적응을 위한
EBS 수능 입문 시리즈

수능 감(感) 잡기

동일한 소재 · 유형을
내신형과 수능형 문항으로 한번에!
내신을 넘어 수능의 감을 잡는 입문서

국어, 수학 I , 수학 II , 확률과 통계, 미적분, 영어

뉴수능 스타트

한국교육과정평가원
개편 수능 예시문항 최초 분석
NEW 수능을 위한 가장 확실한 매뉴얼

국어, 수학 I , 수학 II , 확률과 통계, 미적분, 기하, 영어

수능특강 Light

수능특강과 동일한 체제로
본격 연계교재 학습 전 가볍게!
수능 연계 대비 No.1 학습서

국어, 영어 독해, 영어 듣기

수능
감[感]
잡기

수학영역
미적분

EBS 수능 감 잡기 미적분 **차례**

CONTENTS

EBS 수능 감 잡기 미적분 **구성과 활용법**

STRUCTURE

내신 유형 중간, 기말 고사에 출제될 문항을 선별하여 수록하였다.

개념必잡기 유형에 따른 필수적인 핵심 내용을 중심으로 필요한 정의, 공식 등을 정리하였다.

수능 유형 내신 유형과 동일한 소재의 수능 유형의 문항을 제시하여 수능의 感을 맛볼 수 있도록 구성하였다.

수능感 잡기 수능 유형에 대한 감각을 익힐 수 있도록 '문제 분석 ➡ 유형 주제와 연계된 이전 학년의 단원 개념을 도식화하여 정리 ➡ +α개념 ➡ 풀이 해결 전략 ➡ 수능感쌤의 수능 대비 한 마디!!'의 단계로 구성하였다.

■ **문제 분석** 수능 유형 문제를 접근하는 방법, 실마리 등을 제시하였다.

■ **+α개념** 이전 학년, 단원에서 배운 개념, 공식, 원리 등을 정리하여 바로 확인하고 익힐 수 있도록 하였다.

■ **풀이 해결 전략** 문제를 해결하는 사고 방법을 단계별로 제시하여 수능 유형 문제에 대한 완벽한 이해 및 아이디어를 제공하였다.

수능感 쌤의 수능 대비 한 마디!! 수능 유형의 문제에 대해 핵심적으로 알아야 할 내용과 준비해야 할 내용을 짚어주고 필수적으로 수능 대비에 필요한 것들을 제시하였다.

수능 유형 체크 수능 유형과 유사한 내용의 문제를 제시하여 수능의 感을 익힐 수 있도록 하였다.

수능의 감을 쑥쑥 키워주는 수능 유제 수능 유형의 일반화된 문제를 다시 한번 정리할 수 있도록 3점 문항 수준의 수능 유형의 문항을 선별하여 수록하였다.

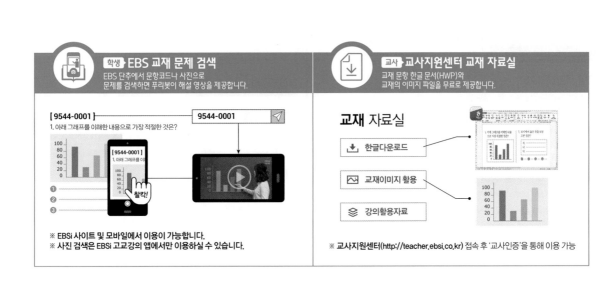

학생 **EBS 교재 문제 검색**
EBS 단추에서 문항코드나 사진으로
문제를 검색하면 푸리봇이 해설 영상을 제공합니다.

[9544-0001]

9544-0001

1. 아래 그래프를 이해한 내용으로 가장 적절한 것은?

[9544-0001]
1. 아래 그래프를 이

찰칵!

❶
❷
❸

※ EBSi 사이트 및 모바일에서 이용이 가능합니다.
※ 사진 검색은 EBSi 고교강의 앱에서만 이용하실 수 있습니다.

교사 **교사지원센터 교재 자료실**
교재 문항 한글 문서(HWP)와
교재의 이미지 파일을 무료로 제공합니다.

교재 자료실

⬇ 한글다운로드

🖾 교재이미지 활용

❖ 강의활용자료

※ **교사지원센터(http://teacher.ebsi.co.kr)** 접속 후 '교사인증'을 통해 이용 가능

01 수열의 극한값의 계산과 극한의 성질

내신 유형

$\lim\limits_{n\to\infty}\dfrac{(\sqrt{4n+1}-\sqrt{n})^2}{an}=\dfrac{1}{2}$일 때, 상수 a의 값은?

① 1　　　② $\dfrac{3}{2}$　　　③ 2

④ $\dfrac{5}{2}$　　　⑤ 3

풀이

$$\lim\limits_{n\to\infty}\dfrac{(\sqrt{4n+1}-\sqrt{n})^2}{an}=\lim\limits_{n\to\infty}\dfrac{4n+1-2\sqrt{4n^2+n}+n}{an}$$

$$=\lim\limits_{n\to\infty}\dfrac{5n+1-2\sqrt{4n^2+n}}{an}$$

$$=\lim\limits_{n\to\infty}\dfrac{5+\dfrac{1}{n}-2\sqrt{4+\dfrac{1}{n}}}{a}$$

$$=\dfrac{1}{a}=\dfrac{1}{2}$$

에서 $a=2$

답 ③

개념 必 잡기

• **수열의 극한값의 계산**

(1) $\dfrac{\infty}{\infty}$ 꼴의 극한값은 분모의 최고차항으로 분자, 분모를 나누어 구한다.

(2) $\infty-\infty$ 꼴의 극한값은 무리식일 때는 근호가 있는 쪽을 유리화 하고, 다항식일 때는 최고차항으로 묶어서 구한다.

• **수열의 극한에 대한 기본 성질**

두 수열 $\{a_n\}$, $\{b_n\}$이 수렴하고

$\lim\limits_{n\to\infty}a_n=\alpha$, $\lim\limits_{n\to\infty}b_n=\beta$ (α, β는 실수)일 때

(1) $\lim\limits_{n\to\infty}ca_n=c\lim\limits_{n\to\infty}a_n=c\alpha$ (단, c는 상수)

(2) $\lim\limits_{n\to\infty}(a_n+b_n)=\lim\limits_{n\to\infty}a_n+\lim\limits_{n\to\infty}b_n=\alpha+\beta$

(3) $\lim\limits_{n\to\infty}(a_n-b_n)=\lim\limits_{n\to\infty}a_n-\lim\limits_{n\to\infty}b_n=\alpha-\beta$

(4) $\lim\limits_{n\to\infty}a_nb_n=\lim\limits_{n\to\infty}a_n\times\lim\limits_{n\to\infty}b_n=\alpha\beta$

(5) $\lim\limits_{n\to\infty}\dfrac{a_n}{b_n}=\dfrac{\lim\limits_{n\to\infty}a_n}{\lim\limits_{n\to\infty}b_n}=\dfrac{\alpha}{\beta}$ (단, $b_n\neq0$, $\beta\neq0$)

• **수열의 극한값의 대소 관계**

두 수열 $\{a_n\}$, $\{b_n\}$이 수렴할 때

(1) 모든 자연수 n에 대하여 $a_n\le b_n$이면 $\lim\limits_{n\to\infty}a_n\le\lim\limits_{n\to\infty}b_n$이다.

(2) 수열 $\{c_n\}$이 모든 자연수 n에 대하여 $a_n\le c_n\le b_n$이고 $\lim\limits_{n\to\infty}a_n=\lim\limits_{n\to\infty}b_n=\alpha$ (α는 실수)이면 $\lim\limits_{n\to\infty}c_n=\alpha$이다.

수능 유형

그림과 같이 자연수 n에 대하여 직선 $y=x+n$이 곡선 $y=\dfrac{1}{2}x^2$과 만나는 두 점을 각각 P_n, Q_n이라 하고, 두 점 P_n, Q_n의 x좌표를 각각 p_n, q_n이라 하자. $a_n=p_n{}^2+q_n{}^2$이라 할 때, $\lim\limits_{n\to\infty}\dfrac{6n+1}{a_n}$의 값은?

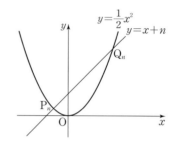

① $\dfrac{1}{2}$　　　② 1　　　③ $\dfrac{3}{2}$

④ 2　　　⑤ $\dfrac{5}{2}$

수능 感 잡기

문제 분석

이차방정식 또는 이차함수와 관련된 개념을 이용하여 수열의 일반항을 찾아 극한값을 계산하는 문제이다.

+α 개념

• **[수학] 이차방정식의 근과 계수의 관계**

이차방정식 $ax^2+bx+c=0$ (a, b, c는 상수)의 두 근을 α, β라 하면

$$\alpha+\beta=-\dfrac{b}{a},\ \alpha\beta=\dfrac{c}{a}$$

• **[수학] 이차함수의 그래프와 직선의 위치 관계**

이차함수 $y=ax^2+bx+c$ (a, b, c는 상수)의 그래프와 직선 $y=mx+n$ (m, n은 상수)의 위치 관계는 이차방정식

$$ax^2+bx+c=mx+n \qquad\qquad\cdots\cdots\ ⊙$$

의 판별식 D의 부호에 따라 결정된다.

이때 $D>0$이면 서로 다른 두 점에서 만나고 두 교점의 x좌표는 이차 방정식 ⊙의 두 근이다.

풀이

해결전략 ① 이차방정식의 근과 계수의 관계를 이용하여 수열의 일반항 구하기

$\frac{1}{2}x^2=x+n$에서

$x^2-2x-2n=0$ ...... ㉠

이차방정식 ㉠의 두 근이 p_n, q_n이므로 이차방정식의 근과 계수의 관계에 의하여

$p_n+q_n=2$, $p_nq_n=-2n$

이때

$p_n{}^2+q_n{}^2=(p_n+q_n)^2-2p_nq_n$

$\qquad\qquad=2^2-2\times(-2n)$

$\qquad\qquad=4n+4$

이므로 $a_n=4n+4$

해결전략 ② 수열의 극한값 구하기

따라서

$\lim_{n\to\infty}\dfrac{6n+1}{a_n}=\lim_{n\to\infty}\dfrac{6n+1}{4n+4}$

$\qquad\qquad=\lim_{n\to\infty}\dfrac{6+\dfrac{1}{n}}{4+\dfrac{4}{n}}$

$\qquad\qquad=\dfrac{3}{2}$

답 ③

참고

이차방정식 ㉠의 판별식을 D라 하면

$\dfrac{D}{4}=1+2n>0$

이므로 이차방정식 ㉠은 모든 자연수 n에 대하여 서로 다른 두 실근을 갖는다.

수능感 쌤의 수능 대비 한 마디!!

주어진 그래프나 도형에서 수열의 일반항을 구하여 극한값을 계산하는 문제가 주로 출제되므로 여러 가지 함수 및 도형의 성질에 대하여 충분히 연습해야 합니다. 또한, 수열의 극한에 대한 기본 성질 및 수열의 극한의 대소 관계 등도 잘 이해하고 있어야 합니다.

수능 유형 체크   ▶ 9544-0001

자연수 n에 대하여 직선 $3x+4y+p=0$과 원 $x^2+y^2=n^2$이 서로 다른 두 점에서 만나도록 하는 정수 p의 개수를 a_n이라 할 때, $\lim_{n\to\infty}\dfrac{a_n}{4n-1}$의 값은?

① 2   ② $\dfrac{5}{2}$ ③ 3

④ $\dfrac{7}{2}$ ⑤ 4

문항 속 개념

[미적분] 수열의 극한 **+** [수학] 원의 방정식 **+** [수학] 이차방정식과 이차함수

01-1

🔵 9544-0002

두 수열 $\{a_n\}$, $\{b_n\}$에 대하여

$$\lim_{n \to \infty} \frac{a_n}{n+1} = 2, \quad \lim_{n \to \infty} \frac{b_n}{n^2+1} = 6$$

일 때, $\lim\limits_{n \to \infty} \dfrac{a_n b_n}{2n^3-3}$의 값은?

① 4　　　　　② 5　　　　　③ 6

④ 7　　　　　⑤ 8

01-2

🔵 9544-0003

닫힌 구간 $[0, 6]$에서 정의된 함수 $y=f(x)$의 그래프가 그림과 같다.

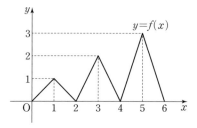

$\lim\limits_{n \to \infty} \dfrac{1+2nf(a)}{3n-1} = 1$을 만족시키는 상수 a의 개수는?

(단, $0 \le a \le 6$)

① 1　　　　　② 2　　　　　③ 3

④ 4　　　　　⑤ 5

01-3

⟳ 9544-0004

그림과 같이 자연수 n에 대하여 기울기가 n^2+1인 직선 l이 곡선 $y=-\dfrac{1}{x}$과 제2사분면 위의 한 점에서만 만날 때, 직선 l이 x축, y축과 만나는 점을 각각 P_n, Q_n이라 하자. $a_n=\overline{\mathrm{P}_n\mathrm{Q}_n}^2$이라 할 때, $\displaystyle\lim_{n\to\infty}\dfrac{a_n}{n^2}$의 값은?

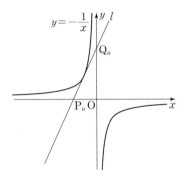

① 1　　　　② 2　　　　③ 3

④ 4　　　　⑤ 5

01-4

⟳ 9544-0005

두 수열 $\{a_n\}$, $\{b_n\}$이 자연수 n에 대하여 다음 조건을 만족시킨다.

> (가) $4n+1<a_n<4n+3$
> (나) $n^2+1<b_n<n^2+4$

$\displaystyle\lim_{n\to\infty}\dfrac{na_n+b_n}{na_n-b_n}$의 값은?

① $\dfrac{1}{3}$　　　　② $\dfrac{2}{3}$　　　　③ 1

④ $\dfrac{4}{3}$　　　　⑤ $\dfrac{5}{3}$

02 등비수열의 극한

함수 $f(x)$가

$$f(x) = \lim_{n \to \infty} \frac{4 - x^{2n+3}}{x^{2n} + 1}$$

일 때, $f\left(\dfrac{1}{3}\right) + f(-3)$의 값은?

① 31   ② 32   ③ 33

④ 34   ⑤ 35

풀이

$$f\left(\frac{1}{3}\right) = \lim_{n \to \infty} \frac{4 - \left(\frac{1}{3}\right)^{2n+3}}{\left(\frac{1}{3}\right)^{2n} + 1} = 4$$

$$f(-3) = \lim_{n \to \infty} \frac{4 - (-3)^{2n+3}}{(-3)^{2n} + 1}$$

$$= \lim_{n \to \infty} \frac{4 + 3^{2n+3}}{3^{2n} + 1}$$

$$= \lim_{n \to \infty} \frac{4 \times \left(\frac{1}{3}\right)^{2n} + 27}{1 + \left(\frac{1}{3}\right)^{2n}}$$

$$= 27$$

따라서

$$f\left(\frac{1}{3}\right) + f(-3) = 4 + 27 = 31$$

답 ①

개념 必 잡기

• **등비수열 $\{r^n\}$의 수렴과 발산**

(1) $r > 1$일 때, $\lim\limits_{n \to \infty} r^n = \infty$ (발산)

(2) $r = 1$일 때, $\lim\limits_{n \to \infty} r^n = 1$ (수렴)

(3) $-1 < r < 1$일 때, $\lim\limits_{n \to \infty} r^n = 0$ (수렴)

(4) $r \leq -1$일 때, 수열 $\{r^n\}$은 진동한다. (발산)

• **등비수열의 수렴 조건**

(1) 수열 $\{r^n\}$이 수렴 $\Longleftrightarrow -1 < r \leq 1$

(2) 수열 $\{ar^n\}$이 수렴 $\Longleftrightarrow a = 0$ 또는 $-1 < r \leq 1$

자연수 n에 대하여 집합 A_n을

$$A_n = \{(x, y) \mid 1 \leq x \leq n,\ 2^x < y \leq 3^x,\ x와\ y는\ 자연수\}$$

라 할 때, 집합 A_n의 원소의 개수를 a_n이라 하자.

$\lim\limits_{n \to \infty} \dfrac{a_n}{2^n + 3^{n-1}}$의 값은?

① $\dfrac{1}{2}$ ② $\dfrac{3}{2}$ ③ $\dfrac{5}{2}$

④ $\dfrac{7}{2}$ ⑤ $\dfrac{9}{2}$

수능 感 잡기

문제 분석

등비수열의 합을 이용하여 등비수열의 극한값을 구하는 문제이다.

+α 개념

[미적분]
수열의 극한

+

[수학 I]
등비수열

• **[수학 I] 등비수열**

(1) 등비수열

첫째항이 a, 공비가 r인 등비수열 $\{a_n\}$의 일반항은

$$a_1 = a,\ a_n = ar^{n-1} \text{ (단, } n = 2, 3, 4, \cdots)$$

(2) 등비수열의 합

첫째항이 a, 공비가 r인 등비수열의 첫째항부터 제n항까지의 합을 S_n이라 하면

① $r \neq 1$일 때, $S_n = \dfrac{a(1 - r^n)}{1 - r} = \dfrac{a(r^n - 1)}{r - 1}$

② $r = 1$일 때, $S_n = na$

풀이

해결전략 ① 집합의 원소의 개수를 등비수열의 합으로 나타내기

자연수 k에 대하여 $x=k$일 때, $2^k<y\leq3^k$을 만족시키는 자연수 y의 개수는 3^k-2^k이므로

$$a_n=\sum_{k=1}^{n}(3^k-2^k)$$

해결전략 ② 등비수열의 합 간단히 하기

$$a_n=\sum_{k=1}^{n}(3^k-2^k)$$

$$=\sum_{k=1}^{n}3^k-\sum_{k=1}^{n}2^k$$

$$=\frac{3(3^n-1)}{3-1}-\frac{2(2^n-1)}{2-1}$$

$$=\frac{1}{2}(3^{n+1}-2^{n+2}+1)$$

해결전략 ③ 수열의 극한값 구하기

따라서

$$\lim_{n\to\infty}\frac{a_n}{2^n+3^{n-1}}=\lim_{n\to\infty}\frac{3^{n+1}-2^{n+2}+1}{2^{n+1}+2\times3^{n-1}}$$

$$=\lim_{n\to\infty}\frac{9-8\times\left(\frac{2}{3}\right)^{n-1}+\left(\frac{1}{3}\right)^{n-1}}{4\times\left(\frac{2}{3}\right)^{n-1}+2}$$

$$=\frac{9}{2}$$

답 ⑤

수능 感 쌤의 수능 대비 한 마디!!

공비의 범위에 따라 등비수열의 극한이 어떻게 달라지는지 기본 개념을 충실히 익혀 두어야 합니다. 뿐만 아니라 수학Ⅱ에서 공부한 등비수열의 일반항 및 등비수열의 합에 대한 내용도 충분히 연습하여 대비해야 합니다.

수능 유형 체크

○ 9544-0006

자연수 n에 대하여 3^n 이하의 자연수 중에서 3과 서로소인 모든 자연수의 합을 a_n이라 하고, 수열 $\{a_n\}$의 첫째항부터 제n항까지의 합을 S_n이라 하자. $\lim\limits_{n\to\infty}\dfrac{a_n}{S_n}$의 값은?

① $\dfrac{4}{9}$ ② $\dfrac{5}{9}$ ③ $\dfrac{2}{3}$

④ $\dfrac{7}{9}$ ⑤ $\dfrac{8}{9}$

문항 속 개념

[미적분] 수열의 극한 $+$ **[수학Ⅰ]** 등비수열

02-1

◉ 9544-0007

수열 $\left\{\left(\dfrac{3-x}{a}\right)^n\right\}$ 이 수렴하도록 하는 정수 x의 개수

가 8일 때, 자연수 a의 값은?

① 1   ② 2   ③ 3

④ 4   ⑤ 5

02-2

◉ 9544-0008

자연수 n에 대하여 두 직선 $x+3y=2^n$,

$3x-2y=4^n$의 교점의 좌표를 (a_n, b_n)이라 할 때,

$\displaystyle\lim_{n\to\infty}\dfrac{b_n}{a_n}$의 값은?

① $-\dfrac{1}{6}$ ② $-\dfrac{1}{3}$ ③ $-\dfrac{1}{2}$

④ $-\dfrac{2}{3}$ ⑤ $-\dfrac{5}{6}$

02-3

9544-0009

일반항이 $\dfrac{a \times 2^{2n+1}}{b \times 2^{2n}+3^{n+1}}$ 인 수열 $\{a_n\}$의 극한값이 6일 때, 수열 $\left\{\dfrac{1}{a_n}+\dfrac{3}{2a}\right\}$의 극한값은 $\dfrac{1}{4}$이다. 두 상수 a, b에 대하여 $a+b$의 값은?

① 24　　　　② 25　　　　③ 26

④ 27　　　　⑤ 28

02-4

9544-0010

그림과 같이 좌표평면에서 세 점 $A(0, 2)$, $O(0, 0)$, $P_n(3^n, 0)$을 꼭짓점으로 하는 삼각형 AOP_n의 내접원의 반지름의 길이를 r_n이라 하자. $\displaystyle\lim_{n \to \infty} r_n$의 값은?

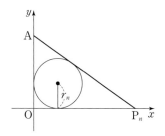

① $\dfrac{5}{9}$　　　　② $\dfrac{2}{3}$　　　　③ $\dfrac{7}{9}$

④ $\dfrac{8}{9}$　　　　⑤ 1

03 급수의 수렴, 발산

다음 급수의 합은?

$$\frac{1}{4}+\frac{1}{4+8}+\frac{1}{4+8+12}$$
$$+\cdots+\frac{1}{4+8+12+\cdots+4n}+\cdots$$

① $\dfrac{1}{4}$　　　② $\dfrac{1}{2}$　　　③ $\dfrac{3}{4}$

④ 1　　　⑤ $\dfrac{5}{4}$

풀이

제n항을 a_n, 제n항까지의 부분합을 S_n이라고 하면

$$a_n=\frac{1}{4(1+2+3+\cdots+n)}$$
$$=\frac{1}{4}\times\frac{2}{n(n+1)}=\frac{1}{2}\left(\frac{1}{n}-\frac{1}{n+1}\right)$$
$$S_n=\frac{1}{2}\left\{\left(1-\frac{1}{2}\right)+\left(\frac{1}{2}-\frac{1}{3}\right)+\left(\frac{1}{3}-\frac{1}{4}\right)\right.$$
$$\left.+\cdots+\left(\frac{1}{n}-\frac{1}{n+1}\right)\right\}$$
$$=\frac{1}{2}\left(1-\frac{1}{n+1}\right)=\frac{n}{2n+2}$$

따라서 $\displaystyle\lim_{n\to\infty}S_n=\lim_{n\to\infty}\frac{n}{2n+2}=\frac{1}{2}$

답 ②

개념 必 잡기

- **급수의 합**

  급수 $\displaystyle\sum_{n=1}^{\infty}a_n$의 제$n$항까지의 부분합을 S_n이라 할 때,

  $\displaystyle\lim_{n\to\infty}S_n=S$이면 급수 $\displaystyle\sum_{n=1}^{\infty}a_n$은 S에 수렴한다고 하고 S를 이 급수의 합이라 한다.

- **급수의 수렴과 발산**

  급수 $\displaystyle\sum_{n=1}^{\infty}a_n$의 제$n$항까지의 부분합을 S_n이라 할 때

  (1) 수열 $\{S_n\}$이 수렴하면 $\displaystyle\sum_{n=1}^{\infty}a_n$은 수렴한다.

  (2) 수열 $\{S_n\}$이 발산하면 $\displaystyle\sum_{n=1}^{\infty}a_n$은 발산한다.

- **급수의 수렴, 발산과 일반항의 극한**

  (1) 급수 $\displaystyle\sum_{n=1}^{\infty}a_n$이 수렴하면 $\displaystyle\lim_{n\to\infty}a_n=0$이다.

  (2) $\displaystyle\lim_{n\to\infty}a_n\neq0$이면 급수 $\displaystyle\sum_{n=1}^{\infty}a_n$은 발산한다.

수열 $\{a_n\}$의 첫째항부터 제n항까지의 합을 S_n이라 하자.

$$a_n=\frac{1}{(3n-1)(3n+2)}\ (n=1,\,2,\,3,\,\cdots)$$

일 때, $\displaystyle\sum_{n=1}^{\infty}\frac{a_{n+1}}{S_nS_{n+1}}$의 값은?

① 1　　　② 2　　　③ 3

④ 4　　　⑤ 5

수능 感 잡기

문제 분석

수열의 합과 일반항 사이의 관계를 이용하여 식을 변형하고 급수의 합을 구하는 문제이다.

+α 개념

[미적분] 급수　+　[수학] 유리식　+　[수학 I] 수열

- **[수학] 유리식의 계산**

  다항식 $A,\,B,\,C,\,D\ (ABCD\neq0)$에 대하여

  (1) $\dfrac{A}{C}+\dfrac{B}{C}=\dfrac{A+B}{C}$

  (2) $\dfrac{A}{C}-\dfrac{B}{C}=\dfrac{A-B}{C}$

  (3) $\dfrac{A}{C}\times\dfrac{B}{D}=\dfrac{AB}{CD}$

  (4) $\dfrac{A}{C}\div\dfrac{B}{D}=\dfrac{A}{C}\times\dfrac{D}{B}=\dfrac{AD}{BC}$

  (5) $\dfrac{1}{AB}=\dfrac{1}{B-A}\left(\dfrac{1}{A}-\dfrac{1}{B}\right)$

- **[수학 I] 수열의 합과 일반항 사이의 관계**

  수열 $\{a_n\}$의 첫째항부터 제n항까지의 합을 S_n이라 하면
  $$a_1=S_1$$
  $$a_n=S_n-S_{n-1}\ (n\geq2)$$

풀이

해결전략 ❶ 수열의 합과 일반항 사이의 관계를 이용하여 $\dfrac{a_{n+1}}{S_n S_{n+1}}$ 변형하기

수열의 합과 일반항 사이의 관계에 의하여

$a_{n+1} = S_{n+1} - S_n \ (n \geq 1)$이므로

$$\dfrac{a_{n+1}}{S_n S_{n+1}} = \dfrac{S_{n+1} - S_n}{S_n S_{n+1}} = \dfrac{1}{S_n} - \dfrac{1}{S_{n+1}}$$

해결전략 ❷ 유리식의 계산을 이용하여 급수의 합 구하기

따라서 $\displaystyle\sum_{n=1}^{\infty} \dfrac{a_{n+1}}{S_n S_{n+1}} = \sum_{n=1}^{\infty} \left(\dfrac{1}{S_n} - \dfrac{1}{S_{n+1}} \right)$

$\qquad\qquad = \displaystyle\lim_{n \to \infty} \sum_{k=1}^{n} \left(\dfrac{1}{S_k} - \dfrac{1}{S_{k+1}} \right)$

$\qquad\qquad = \displaystyle\lim_{n \to \infty} \left(\dfrac{1}{S_1} - \dfrac{1}{S_{n+1}} \right)$

이때 $S_1 = a_1 = \dfrac{1}{10}$이고

$\displaystyle\lim_{n \to \infty} S_{n+1} = \lim_{n \to \infty} S_n$

$\qquad\quad = \displaystyle\lim_{n \to \infty} \sum_{k=1}^{n} a_k$

$\qquad\quad = \displaystyle\lim_{n \to \infty} \sum_{k=1}^{n} \dfrac{1}{(3k-1)(3k+2)}$

$\qquad\quad = \displaystyle\lim_{n \to \infty} \sum_{k=1}^{n} \dfrac{1}{3} \left(\dfrac{1}{3k-1} - \dfrac{1}{3k+2} \right)$

$\qquad\quad = \displaystyle\lim_{n \to \infty} \dfrac{1}{3} \left(\dfrac{1}{2} - \dfrac{1}{3n+2} \right) = \dfrac{1}{6}$

이므로

$\displaystyle\sum_{n=1}^{\infty} \dfrac{a_{n+1}}{S_n S_{n+1}} = \lim_{n \to \infty} \left(\dfrac{1}{S_1} - \dfrac{1}{S_{n+1}} \right)$

$\qquad\qquad = \dfrac{1}{S_1} - \dfrac{1}{\displaystyle\lim_{n \to \infty} S_{n+1}}$

$\qquad\qquad = 10 - 6 = 4$

 ④

수능 感 쌤의 **수능 대비 한 마디!!!**

급수의 합을 구하는 문제는 유리식의 계산 또는 등비급수를 이용하는 경우가 대부분이므로 수학Ⅱ에서 공부한 유리식의 계산 및 등비수열의 일반항과 합을 구하는 연습을 충분히 해야 합니다. 또, 수열의 합과 일반항 사이의 관계는 다른 유형에서도 자주 등장하는 개념이므로 확실히 이해하고 넘어가야 합니다.

수능 유형 체크

◐ 9544-0011

수열 $\{a_n\}$의 첫째항부터 제 n항까지의 합을 S_n이라 하자.

$$S_n = \dfrac{9n+3}{n+1} \ (n=1, 2, 3, \cdots)$$

일 때, $\displaystyle\sum_{n=1}^{\infty} (a_n + a_{n+1})$의 값은?

① 12 　　② 14 　　③ 16

④ 18 　　⑤ 20

문항 속 개념

03-1

● 9544-0012

수열 $\{a_n\}$에 대하여 $\sum\limits_{n=1}^{\infty}\dfrac{a_n}{3^n}=1$일 때,

$$\lim_{n\to\infty}\frac{a_n+3^{n+2}-2^{n+1}}{3a_n+3^{n-1}+2^n}$$

의 값을 구하시오.

03-2

● 9544-0013

2 이상의 자연수 n에 대하여 18^n의 모든 양의 약수의 개수를 a_n, $\dfrac{15^n}{9}$의 모든 양의 약수의 개수를 b_n이라 할 때, $\sum\limits_{n=2}^{\infty}\dfrac{1}{a_n-b_n}$의 값은?

① $\dfrac{1}{9}$ ② $\dfrac{2}{9}$ ③ $\dfrac{1}{3}$

④ $\dfrac{4}{9}$ ⑤ $\dfrac{5}{9}$

03-3

◎ 9544-0014

두 수열 $\{a_n\}$, $\{b_n\}$에 대하여 〈보기〉에서 옳은 것만을 있는 대로 고른 것은?

┤ 보기 ├

ㄱ. $\displaystyle\sum_{n=1}^{\infty} a_n$과 $\displaystyle\sum_{n=1}^{\infty} (a_n+b_n)$이 모두 수렴하면 $\displaystyle\sum_{n=1}^{\infty} b_n$은 수렴한다.

ㄴ. $\displaystyle\sum_{n=1}^{\infty} a_n$이 수렴하고 $\displaystyle\sum_{n=1}^{\infty} b_n$이 발산하면 $\displaystyle\sum_{n=1}^{\infty} a_n b_n$은 발산한다.

ㄷ. $\displaystyle\sum_{n=1}^{\infty} (a_n+b_n)=\sum_{n=1}^{\infty} (a_n+3)=2$이면 $\displaystyle\lim_{n \to \infty} b_n=3$ 이다.

① ㄱ   ② ㄴ   ③ ㄱ, ㄷ

④ ㄴ, ㄷ   ⑤ ㄱ, ㄴ, ㄷ

03-4

◎ 9544-0015

그림과 같이 자연수 n에 대하여 좌표평면 위의 두 원

$$C_1 : x^2+y^2=4$$

$$C_2 : (x-2)^2+y^2=\frac{2}{n^2}$$

의 교점의 x좌표를 a_n이라 할 때, $\displaystyle\sum_{n=1}^{\infty} \frac{1}{2n^2 a_n}$의 값은?

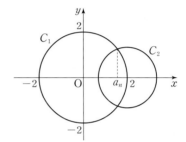

① $\dfrac{1}{6}$ ② $\dfrac{1}{5}$ ③ $\dfrac{1}{4}$

④ $\dfrac{1}{3}$ ⑤ $\dfrac{1}{2}$

04 등비급수의 활용

등비수열 $\{a_n\}$이

$$a_1+a_3=52,\quad a_2+a_4=260$$

을 만족시킬 때, $\displaystyle\sum_{n=1}^{\infty}\left(\dfrac{1}{a_n}\right)^2$의 값은?

① $\dfrac{7}{32}$　　② $\dfrac{23}{96}$　　③ $\dfrac{25}{96}$

④ $\dfrac{9}{32}$　　⑤ $\dfrac{29}{96}$

풀이

등비수열 $\{a_n\}$의 첫째항을 a, 공비를 r라 하면

$a_1+a_3=a+ar^2=a(1+r^2)=52$ ······ ㉠

$a_2+a_4=ar+ar^3=ar(1+r^2)=260$ ······ ㉡

㉡÷㉠에서

$r=\dfrac{260}{52}=5$ ······ ㉢

㉢을 ㉠에 대입하면

$26a=52$에서 $a=2$

따라서 $a_n=2\times5^{n-1}$이므로

$$\sum_{n=1}^{\infty}\left(\frac{1}{a_n}\right)^2=\sum_{n=1}^{\infty}\left(\frac{1}{2\times5^{n-1}}\right)^2$$

$$=\sum_{n=1}^{\infty}\left(\frac{1}{4}\times\frac{1}{25^{n-1}}\right)$$

$$=\frac{\frac{1}{4}}{1-\frac{1}{25}}=\frac{25}{96}$$

답 ③

개념 必 잡기

• **등비급수의 수렴과 발산**

등비급수 $\displaystyle\sum_{n=1}^{\infty}ar^{n-1}\ (a\neq0)$은

(1) $|r|<1$일 때, 수렴하고 그 합은 $\dfrac{a}{1-r}$이다.

(2) $|r|\geq1$일 때, 발산한다.

그림과 같이 $\overline{A_1B_1}=4$, $\overline{A_1D_1}=3$인 직사각형 $A_1B_1C_1D_1$에서 중심이 점 A_1, 반지름의 길이가 $\overline{A_1D_1}$인 원이 선분 A_1B_1과 만나는 점을 P_1이라 하고, 부채꼴 $A_1P_1D_1$에 색칠하여 얻은 그림을 R_1이라 하자. 그림 R_1에서 호 P_1D_1과 선분 A_1C_1의 교점을 A_2라 하고 점 A_2에서 두 선분 B_1C_1, C_1D_1에 내린 수선의 발을 각각 B_2, D_2라 하자. 직사각형 $A_2B_2C_1D_2$에서 그림 R_1을 얻는 것과 같은 방법으로 부채꼴을 그리고 색칠하여 얻은 그림을 R_2라 하자.

이와 같은 과정을 계속하여 n번째 얻은 그림 R_n에서 색칠된 부분의 넓이를 S_n이라 할 때, $\displaystyle\lim_{n\to\infty}S_n$의 값은?

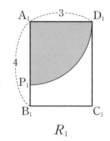 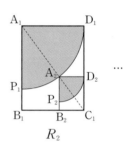

R_1　　　　　R_2

① $\dfrac{71}{28}\pi$　　② $\dfrac{73}{28}\pi$　　③ $\dfrac{75}{28}\pi$

④ $\dfrac{11}{4}\pi$　　⑤ $\dfrac{79}{28}\pi$

수능 感 잡기

문제 분석

같은 방법으로 무한히 그려지는 도형의 넓이의 합을 등비급수를 이용하여 구하는 문제이다.

+α 개념

| **[미적분]** 등비급수 | **+** | **[중2]** 도형의 닮음 | **+** | **[중2]** 피타고라스 정리 |

• **[중2] 닮음비** 닮은 도형의 넓이의 비는 닮음비의 제곱의 비와 같다. 즉, 두 닮은 도형의 닮음비가 $m:n$이면 넓이의 비는 $m^2:n^2$이다.

• **[중2] 피타고라스 정리** 직각삼각형에서 직각을 낀 두 변의 길이를 각각 a, b라 하고, 빗변의 길이를 c라 하면
$$a^2+b^2=c^2$$

풀이

해결전략 ❶ S_1의 값 구하기

그림 R_1에 색칠된 부채꼴은 반지름의 길이가 3이고 중심각의 크기가 $90°$이므로 $S_1 = \frac{1}{4} \times \pi \times 3^2 = \frac{9}{4}\pi$

해결전략 ❷ n번째 도형과 $(n+1)$번째 도형에서 대응되는 선분의 길이의 비를 이용하여 공비 구하기

모든 자연수 n에 대하여 직사각형 $A_nB_nC_1D_n$은

$\overline{A_nD_n} : \overline{A_nB_n} : \overline{A_nC_1} = 3 : 4 : 5$

인 직사각형이다. 오른쪽 그림과 같이 $\overline{A_nD_n} = a_n$이라 하면

$\overline{A_nC_1} = \frac{5}{3}a_n$이므로

$\overline{A_{n+1}C_1} = \frac{5}{3}a_{n+1}$ ...... ㉠

이때 $\overline{A_nA_{n+1}} = a_n$이므로

$\overline{A_{n+1}C_1} = \overline{A_nC_1} - \overline{A_nA_{n+1}}$

$= \frac{5}{3}a_n - a_n = \frac{2}{3}a_n$ ...... ㉡

㉠, ㉡에서 $\frac{5}{3}a_{n+1} = \frac{2}{3}a_n$이므로 $a_{n+1} = \frac{2}{5}a_n$

즉, 그림 R_n에서 새로 색칠한 부채꼴의 넓이를 b_n이라 하면 $b_{n+1} = \frac{4}{25}b_n$이므로 $\lim\limits_{n \to \infty} S_n = \sum\limits_{n=1}^{\infty} b_n$은 첫째항이 $\frac{9}{4}\pi$이고 공비가 $\frac{4}{25}$인 등비급수이다.

해결전략 ❸ 등비급수의 합 구하기

따라서 $\lim\limits_{n \to \infty} S_n = \dfrac{\frac{9}{4}\pi}{1 - \frac{4}{25}} = \frac{75}{28}\pi$

답 ③

수능感 쌤의 수능 대비 한 마디!!

복잡해 보이는 도형일지라도 보조선을 이용하여 분할하면 대부분은 기본적인 도형인 삼각형, 사각형, 원 모양으로 이루어져 있습니다. 닮은 도형을 찾아 길이나 넓이의 비를 구하는 과정을 충분히 연습하는 것이 중요합니다.

수능유형 체크

○ 9544-0016

그림과 같이 $\overline{A_1B} = 1$, $\overline{BC_1} = \sqrt{2}$, $\angle A_1BC_1 = 90°$인 직각삼각형 A_1BC_1에서 점 B를 중심으로 하고 직선 A_1C_1에 접하는 원이 두 선분 A_1B, BC_1과 만나는 점을 각각 A_1', C_2라 하고, 삼각형 A_1BC_1의 내부와 부채꼴 BC_2A_1'의 외부의 공통 부분에 색칠하여 얻은 그림을 R_1이라 하자.

그림 R_1에서 점 C_2를 지나고 선분 A_1C_1에 평행한 직선이 선분 A_1B와 만나는 점을 A_2라 하자. 직각삼각형 A_2BC_2에서 점 B를 중심으로 하고 직선 A_2C_2에 접하는 원이 두 선분 A_2B, BC_2와 만나는 점을 각각 A_2', C_3이라 하고, 삼각형 A_2BC_2의 내부와 부채꼴 BC_3A_2'의 외부의 공통 부분에 색칠하여 얻은 그림을 R_2라 하자.

이와 같은 과정을 계속하여 n번째 얻은 그림 R_n에서 색칠된 부분의 넓이를 S_n이라 할 때, $\lim\limits_{n \to \infty} S_n = p\sqrt{2} + q\pi$이다. $100(p+q)$의 값을 구하시오. (단, p와 q는 유리수이다.)

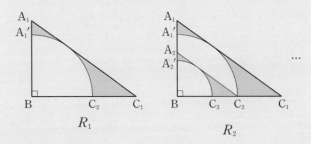

문항 속 개념

[미적분] 등비급수 + [중2] 도형의 닮음 + [중2] 피타고라스 정리

수능의 감을 쑥쑥 키워주는 / 수능 유제

04-1

○ 9544-0017

두 등비급수 $\sum\limits_{n=1}^{\infty}\left(x+\dfrac{3}{2}\right)^n$ 과 $\sum\limits_{n=1}^{\infty}(2x+5)^n$ 이 모두 수렴하도록 하는 x의 값의 범위는 $p<a<q$ 이다. $p+q$의 값은?

① -5　　　② $-\dfrac{9}{2}$　　　③ -4

④ $-\dfrac{7}{2}$　　　⑤ -3

04-2

○ 9544-0018

첫째항이 모두 1이고 공비가 각각 r, s인 두 등비급수 $\sum\limits_{n=1}^{\infty}a_n$, $\sum\limits_{n=1}^{\infty}b_n$이 모두 수렴할 때,

$$\sum_{n=1}^{\infty}(a_n+b_n)=\frac{10}{3}, \ \sum_{n=1}^{\infty}a_n b_n=\frac{8}{7}$$

을 만족시킨다. $(r+s)\sum\limits_{n=1}^{\infty}(a_n^{\,2}b_n^{\,2})$의 값은?

① $\dfrac{14}{21}$　　　② $\dfrac{5}{7}$　　　③ $\dfrac{16}{21}$

④ $\dfrac{17}{21}$　　　⑤ $\dfrac{6}{7}$

04-3
○ 9544-0019

그림과 같이 한 변의 길이가 7인 정사각형 $A_1B_1C_1D_1$ 에서 네 변 A_1B_1, B_1C_1, C_1D_1, D_1A_1을 각각 4 : 3으로 내분하는 점을 각각 A_2, B_2, C_2, D_2라 하고, 네 삼각형 $A_1A_2D_2$, $B_1B_2A_2$, $C_1C_2B_2$, $D_1D_2C_2$의 내접원에 각각 색칠하여 얻은 그림을 R_1이라 하자.

그림 R_1에서 사각형 $A_2B_2C_2D_2$의 네 변 A_2B_2, B_2C_2, C_2D_2, D_2A_2를 각각 4 : 3으로 내분하는 점을 각각 A_3, B_3, C_3, D_3이라 하고, 네 삼각형 $A_2A_3D_3$, $B_2B_3A_3$, $C_2C_3B_3$, $D_2D_3C_3$의 내접원에 각각 색칠하여 얻은 그림을 R_2라 하자.

이와 같은 과정을 계속하여 n번째 얻은 그림 R_n에서 색칠된 부분의 넓이를 S_n이라 할 때, $\lim\limits_{n \to \infty} S_n$의 값은?

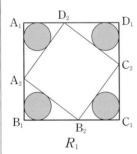
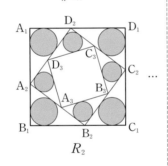

R_1 $\qquad$ R_2

① $\dfrac{49}{4}\pi$ ② $\dfrac{49}{6}\pi$ ③ $\dfrac{49}{8}\pi$

④ $\dfrac{49}{10}\pi$ ⑤ $\dfrac{49}{12}\pi$

04-4
○ 9544-0020

그림과 같이 한 변의 길이가 2이고 $\angle A_1B_1C_1 = 60°$인 마름모 $A_1B_1C_1D_1$의 네 변에 모두 접하는 원을 O_1이라 하고 마름모 $A_1B_1C_1D_1$의 내부와 원 O_1의 외부의 공통 부분에 색칠하여 얻은 그림을 R_1이라 하자.

그림 R_1에서 원 O_1과 마름모 $A_1B_1C_1D_1$의 네 변의 접점을 각각 E_1, F_1, G_1, H_1이라 하자. 원 O_1과 선분 B_1D_1의 두 교점을 각각 B_2, D_2라 하고, 두 선분 B_2H_1, D_2E_1의 교점을 A_2, 두 선분 B_2G_1, D_2F_1의 교점을 C_2라 하자. 마름모 $A_2B_2C_2D_2$의 네 변에 모두 접하는 원을 O_2라 하고 마름모 $A_2B_2C_2D_2$의 내부와 원 O_2의 외부의 공통 부분에 색칠하여 얻은 그림을 R_2라 하자.

이와 같은 과정을 계속하여 n번째 얻은 그림 R_n에서 색칠된 부분의 넓이를 S_n이라 할 때, $\lim\limits_{n \to \infty} S_n = p\sqrt{3} + q\pi$이다. $60(p-q)$의 값을 구하시오.

(단, p와 q는 유리수이다.)

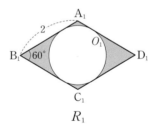

R_1

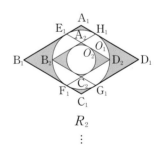

R_2
⋮

05 지수함수와 로그함수의 극한과 미분

내신 유형

$x>-1$에서 정의된 연속인 함수 $f(x)$가

$$\ln(1+x)^{f(x)}=e^{ax}-1$$

을 만족시키고, $f(0)=1$이다. $g(x)=e^{ax}-1$에 대하여

$$\lim_{h \to 0}\frac{g\left(\frac{1}{2}+h\right)-g\left(\frac{1}{2}\right)}{2h}$$의 값은? (단, a는 상수이다.)

① $\dfrac{\sqrt{e}}{4}$ ② $\dfrac{\sqrt{e}}{3}$ ③ $\dfrac{\sqrt{e}}{2}$

④ $\sqrt{e}$ ⑤ $2\sqrt{e}$

풀이

$\ln(1+x)^{f(x)}=e^{ax}-1$에서 $f(x)\ln(1+x)=e^{ax}-1$

$$f(x)=\frac{e^{ax}-1}{\ln(1+x)} \ (x>-1, \ x\neq 0)$$

한편, 함수 $f(x)$는 $x>-1$에서 연속이므로 $x=0$에서 연속이다. $f(0)=1$에서

$$f(0)=\lim_{x \to 0}\frac{e^{ax}-1}{\ln(1+x)}=\lim_{x \to 0}\left\{\frac{e^{ax}-1}{ax}\times\frac{x}{\ln(1+x)}\times a\right\}$$
$$=1\times 1\times a=a=1$$

따라서 $g(x)=e^x-1$이고 $g'(x)=e^x$이므로

$$\lim_{h \to 0}\frac{g\left(\frac{1}{2}+h\right)-g\left(\frac{1}{2}\right)}{2h}=\frac{1}{2}\lim_{h \to 0}\frac{g\left(\frac{1}{2}+h\right)-g\left(\frac{1}{2}\right)}{h}$$
$$=\frac{1}{2}g'\left(\frac{1}{2}\right)=\frac{\sqrt{e}}{2}$$

답 ③

개념 必 잡기

- 지수함수와 로그함수의 극한

(1) $\lim_{x \to 0}(1+x)^{\frac{1}{x}}=e$, $\lim_{x \to \infty}\left(1+\frac{1}{x}\right)^x=e$

(2) $\lim_{x \to 0}\frac{\ln(1+x)}{x}=1$, $\lim_{x \to 0}\frac{e^x-1}{x}=1$

- 지수함수와 로그함수의 미분

(1) $y=e^x$이면 $y'=e^x$

(2) $y=\ln x \ (x>0)$이면 $y'=\frac{1}{x}$

(3) $y=\log_a x \ (x>0, \ a>0, \ a\neq 1)$이면 $y'=\frac{1}{x\ln a}$

- 함수 $f(x)$의 $x=a$에서의 미분계수

$$f'(a)=\lim_{h \to 0}\frac{f(a+h)-f(a)}{h}$$

수능 유형

그림과 같이 양수 t에 대하여 직선 $x=t$가 두 곡선 $y=e^{3x}-1$, $y=e^{2x}-1$과 만나는 점을 각각 A, B라 하고 직선 $x=t$가 x축과 만나는 점을 C라 할 때, $\lim_{t \to 0+}\dfrac{\overline{AB}}{\overline{BC}}$의 값은?

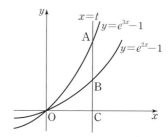

① $\dfrac{1}{2}$ ② 1 ③ $\dfrac{3}{2}$

④ 2 ⑤ $\dfrac{5}{2}$

수능 感 잡기

문제 분석

지수함수와 로그함수의 그래프에서 문제에서 제시된 도형의 길이, 넓이에 대한 함수의 극한값을 구하는 문제로서 두 선분 AB, BC의 길이를 구하여 극한값을 구하여야 한다.

+α 개념

[미적분] 지수, 로그함수의 극한	**+**	[수학Ⅱ] 함수의 연속	**+**	[수학] 평면좌표

- **[수학Ⅱ] 함수의 연속**

함수 $f(x)$가

(ⅰ) $x=a$에서 정의되어 있고

(ⅱ) $\lim_{x \to a}f(x)$가 존재하며

(ⅲ) $\lim_{x \to a}f(x)=f(a)$

일 때, 함수 $f(x)$는 $x=a$에서 연속이라 한다.

- **[수학] 두 점 사이의 거리**

두 점 $A(x_1, y_1)$, $B(x_2, y_2)$ 사이의 거리는

$$\overline{AB}=\sqrt{(x_2-x_1)^2+(y_2-y_1)^2}$$

풀이

해결전략 ❶ 직선 $x=t$가 두 곡선 $y=e^{3x}-1$, $y=e^{2x}-1$과 만나는 두 점 A, B의 좌표와 직선 $x=t$가 x축과 만나는 점 C의 좌표 구하기

직선 $x=t$가 두 곡선 $y=e^{3x}-1$, $y=e^{2x}-1$과 만나는 점이 각각 A, B이므로

$A(t, e^{3t}-1)$, $B(t, e^{2t}-1)$

직선 $x=t$가 x축과 만나는 점이 C이므로

$C(t, 0)$

해결전략 ❷ 세 점 A, B, C의 좌표를 이용하여 두 선분 AB, BC의 길이 구하기

$\overline{AB}=(e^{3t}-1)-(e^{2t}-1)$

$\qquad =e^{3t}-e^{2t}$

$\overline{BC}=e^{2t}-1$

해결전략 ❸ $\dfrac{\overline{AB}}{\overline{BC}}$ 를 구하여 극한값 구하기

$$\lim_{t \to 0+} \frac{\overline{AB}}{\overline{BC}} = \lim_{t \to 0+} \frac{e^{3t}-e^{2t}}{e^{2t}-1}$$

$$= \lim_{t \to 0+} \frac{e^{3t}-1-(e^{2t}-1)}{e^{2t}-1}$$

$$= \lim_{t \to 0+} \frac{e^{3t}-1}{e^{2t}-1}-1$$

$$= \lim_{t \to 0+} \frac{\dfrac{e^{3t}-1}{3t} \times 3}{\dfrac{e^{2t}-1}{2t} \times 2}-1$$

$$= \frac{3}{2}-1 = \frac{1}{2}$$

답 ①

수능 感 쌤의 수능 대비 한 마디!!

기본적으로 지수함수와 로그함수의 그래프에서 도형의 길이, 넓이를 구하지만 결국은 $\lim\limits_{x \to 0} \dfrac{\ln(1+ax)}{ax}=1$, $\lim\limits_{x \to 0} \dfrac{e^{ax}-1}{ax}=1$임을 이용하여 해결하므로 기본적인 극한값을 구하는 연습을 많이 해야 합니다.

수능 유형 체크

○ 9544-0021

그림과 같이 곡선 $y=\ln(x+1)$ 위를 움직이는 점 $P(a, b)$가 있다. 점 P를 지나고 기울기가 -1인 직선이 곡선 $y=e^x-1$과 만나는 점을 Q라 하고, 직선 $y=x$와 만나는 점을 R라 할 때, $\lim\limits_{a \to 0+} \dfrac{\overline{OR}^2-\overline{PR}^2}{a^2}$의 값은?

(단, O는 원점이고, $a>0$이다.)

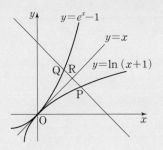

① 1　　　　② 2　　　　③ 3
④ 4　　　　⑤ 5

문항 속 개념

[미적분] 지수, 로그함수의 극한 **+** [수학] 평면좌표

05-1

9544-0022

함수 $f(x)=e^{ax}+b$에 대하여 $\lim\limits_{x \to 0} \dfrac{f(x)}{\ln(1+x)}=1$일

때, $\lim\limits_{h \to 0} \dfrac{f(\ln 4+h)-f(\ln 4)}{2h}$의 값은?

(단, a, b는 상수이다.)

① 0   ② 1   ③ 2

④ 3   ⑤ 4

05-2

9544-0023

함수 $f(x)$에 대하여

$$\lim_{x \to 0} \frac{f(x)}{\ln\left(1+\dfrac{2x}{3}\right)}=3$$

일 때, $\lim\limits_{x \to 0} \dfrac{f(x)+e^x-1}{\ln(1+x)}$의 값은?

① 1   ② $\dfrac{3}{2}$ ③ 2

④ $\dfrac{5}{2}$ ⑤ 3

05-3

○ 9544-0024

$0 \leq x \leq 1$일 때, 자연수 n에 대하여 함수
$f(x) = (n+2)x^{n+1}(x-1)$의 최솟값을 $g(n)$이라
하자. $\lim_{n \to \infty} g(n)$의 값은?

① $-\dfrac{2}{e}$ ② $-\dfrac{1}{e}$ ③ $\dfrac{1}{e}$

④ $\dfrac{2}{e}$ ⑤ e

05-4

○ 9544-0025

그림과 같이 자연수 n에 대하여 두 곡선
$$y = e^{(n+1)x} - 1, \ y = \ln(nx+1)$$
이 있다. 직선 $x = t$가 곡선 $y = e^{(n+1)x} - 1$과 만나는
점을 A_n, 직선 $x = t$가 곡선 $y = \ln(nx+1)$과 만나
는 점을 B_n이라 하자. 선분 A_nB_n의 중점의 y좌표를

$f_n(t)$라 할 때, $2 \lim\limits_{t \to 0+} \dfrac{\sum\limits_{k=1}^{20} f_k(t)}{t}$의 값을 구하시오.

(단, $t > 0$)

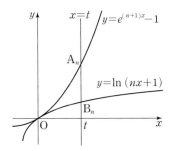

06 삼각함수의 덧셈정리

$\cos \theta = \dfrac{\sqrt{7}}{4}$일 때, $\sin\left(\theta + \dfrac{\pi}{3}\right) + \cos 2\theta$의 값은?

$$\left(단, \ 0 < \theta < \dfrac{\pi}{2} \right)$$

① $\dfrac{1+\sqrt{21}}{8}$ ② $\dfrac{2+\sqrt{21}}{8}$ ③ $\dfrac{3+\sqrt{21}}{8}$

④ $\dfrac{1+\sqrt{21}}{4}$ ⑤ $\dfrac{2+\sqrt{21}}{4}$

풀이

$\sin^2 \theta + \cos^2 \theta = 1$이고 $0 < \theta < \dfrac{\pi}{2}$이므로

$\sin \theta = \sqrt{1 - \cos^2 \theta} = \sqrt{1 - \left(\dfrac{\sqrt{7}}{4}\right)^2} = \dfrac{3}{4}$

$\sin\left(\theta + \dfrac{\pi}{3}\right) = \sin \theta \cos \dfrac{\pi}{3} + \cos \theta \sin \dfrac{\pi}{3}$

$\qquad\qquad = \dfrac{3}{4} \times \dfrac{1}{2} + \dfrac{\sqrt{7}}{4} \times \dfrac{\sqrt{3}}{2} = \dfrac{3+\sqrt{21}}{8}$

$\cos 2\theta = \cos(\theta + \theta) = \cos^2 \theta - \sin^2 \theta$

$\qquad = \left(\dfrac{\sqrt{7}}{4}\right)^2 - \left(\dfrac{3}{4}\right)^2 = -\dfrac{1}{8}$

이므로

$\sin\left(\theta + \dfrac{\pi}{3}\right) + \cos 2\theta = \dfrac{3+\sqrt{21}}{8} - \dfrac{1}{8} = \dfrac{2+\sqrt{21}}{8}$

답 ②

개념 必 잡기

• 삼각함수 사이의 관계
$$\sin^2 \theta + \cos^2 \theta = 1$$

• 사인함수, 코사인함수의 덧셈정리
(1) $\sin(\alpha + \beta) = \sin \alpha \cos \beta + \cos \alpha \sin \beta$
(2) $\sin(\alpha - \beta) = \sin \alpha \cos \beta - \cos \alpha \sin \beta$
(3) $\cos(\alpha + \beta) = \cos \alpha \cos \beta - \sin \alpha \sin \beta$
(4) $\cos(\alpha - \beta) = \cos \alpha \cos \beta + \sin \alpha \sin \beta$

그림과 같이 $\overline{AC} = 2$, $\overline{BC} = \sqrt{5}$이고 $\angle C = \dfrac{\pi}{2}$인 직각삼각형 ABC에서 선분 AC의 중점을 M이라 하자.

$\angle ABM = \theta$라 할 때, $\sin \theta = \dfrac{a\sqrt{30}}{b}$이다. 서로소인 두 자연수 a, b에 대하여 $a+b$의 값을 구하시오.

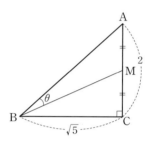

수능 感 잡기

문제 분석

문제에서 주어진 직각삼각형의 조건을 분석하여 삼각비, 삼각함수의 덧셈정리를 응용하는 문제이다.

+α 개념

[미적분]
삼각함수의
덧셈정리
$+$
[중3]
삼각비

• [중3] 삼각비
$\angle B = 90°$인 직각삼각형 ABC에서

(1) $\sin A = \dfrac{\overline{BC}}{\overline{AC}}$

(2) $\cos A = \dfrac{\overline{AB}}{\overline{AC}}$

(3) $\tan A = \dfrac{\overline{BC}}{\overline{AB}}$

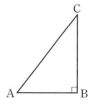

풀이

해결전략 ① 두 직각삼각형 ABC, MBC에서 각각 두 선분 AB, BM의 길이 구하기

직각삼각형 ABC에서

$\overline{AB}=\sqrt{(\sqrt{5})^2+2^2}=3$

직각삼각형 MBC에서

$\overline{BM}=\sqrt{(\sqrt{5})^2+1^2}=\sqrt{6}$

해결전략 ② $\angle ABC=\alpha$, $\angle MBC=\beta$라 하고 $\sin\alpha$, $\sin\beta$, $\cos\alpha$, $\cos\beta$의 값 구하기

$\angle ABC=\alpha$, $\angle MBC=\beta$라 하면

$\sin\alpha=\dfrac{\overline{AC}}{\overline{AB}}=\dfrac{2}{3}$, $\cos\alpha=\dfrac{\overline{BC}}{\overline{AB}}=\dfrac{\sqrt{5}}{3}$

$\sin\beta=\dfrac{\overline{CM}}{\overline{BM}}=\dfrac{1}{\sqrt{6}}=\dfrac{\sqrt{6}}{6}$, $\cos\beta=\dfrac{\overline{BC}}{\overline{BM}}=\dfrac{\sqrt{5}}{\sqrt{6}}=\dfrac{\sqrt{30}}{6}$

해결전략 ③ 삼각함수의 덧셈정리를 이용하여 $\sin\theta$의 값을 구한 후, $a+b$의 값 구하기

$\sin\theta=\sin(\alpha-\beta)$

$=\sin\alpha\cos\beta-\cos\alpha\sin\beta$

$=\dfrac{2}{3}\times\dfrac{\sqrt{30}}{6}-\dfrac{\sqrt{5}}{3}\times\dfrac{\sqrt{6}}{6}$

$=\dfrac{\sqrt{30}}{18}$

따라서 $a=1$, $b=18$이므로

$a+b=1+18=19$

답 19

 수능 感 쌤의 수능 대비 한 마디!!

주어진 문제와 같이 기하적인 상황이 주어지는 경우에는 삼각함수의 덧셈정리를 이용할 적절한 각을 판단하는 것이 중요합니다. 물론 문제에서 구하여야 할 대상을 문제의 조건과 비교하여 판단해야 합니다. 따라서 이러한 기하적 상황에서 삼각함수의 덧셈정리를 이용할 각을 선택하는 연습을 하는 것은 필수입니다.

수능 유형 체크 · 9544-0026

그림과 같이 길이가 $\sqrt{6}$인 선분 AB를 지름으로 하는 반원 위에 한 점 P가 있다. 삼각형 ABP에서 $\overline{PA}:\overline{PB}=1:\sqrt{5}$ 이고 $\angle PAB=\alpha$, $\angle PBA=\beta$라 할 때, $9\cos^2(\alpha-\beta)$의 값을 구하시오.

문항 속 개념

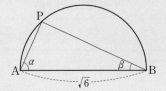

06-1

○ 9544-0027

좌표평면에서 원점 O와 점 $P(4, -3)$을 지나는 동경 OP가 나타내는 각의 크기를 θ_1이라 하고, 점 P를 x축에 대하여 대칭이동한 점 Q에 대하여 원점 O와 점 Q를 지나는 동경 OQ가 나타내는 각의 크기를 θ_2라 할 때, $\sin(-\theta_1) + \cos(2\theta_2)$의 값은?

① $\dfrac{21}{25}$ ② $\dfrac{22}{25}$ ③ $\dfrac{23}{25}$

④ $\dfrac{24}{25}$ ⑤ 1

06-2

○ 9544-0028

좌표평면에서 원점을 지나면서 기울기가 양수인 직선 l이 있다. 이 직선 l과 직선 $y = \dfrac{2}{3}x$가 이루는 예각의 크기가 $\dfrac{\pi}{4}$일 때, 직선 l이 x축과 이루는 예각의 크기 θ에 대하여 $\tan\theta$의 값은?

① 3 ② $\dfrac{7}{2}$ ③ 4

④ $\dfrac{9}{2}$ ⑤ 5

06-3

● 9544-0029

그림과 같이 $\overline{AB}=\overline{AC}=3$, $\overline{BC}=2$인 이등변삼각형 ABC에 내접하는 원에 대하여 원의 중심을 O, 원이 이등변삼각형 ABC의 각 변에 접하는 세 접점을 각각 D, E, F라 할 때, $\sin(\angle DOE)$의 값은?

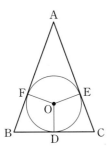

① $\dfrac{2}{3}$ ② $\dfrac{\sqrt{5}}{3}$ ③ $\dfrac{\sqrt{6}}{3}$

④ $\dfrac{\sqrt{7}}{3}$ ⑤ $\dfrac{2\sqrt{2}}{3}$

06-4

● 9544-0030

그림과 같은 직각삼각형 ABC에서 $\overline{BC}=3$, $\angle C=\dfrac{\pi}{2}$ 이고 $\sec(\angle ABC)=2$이다. 선분 CA를 1 : 2로 내분하는 점을 D, 선분 CA를 2 : 1로 내분하는 점을 E 라 할 때, $\sin(\angle ABC - \angle EBD)$의 값은?

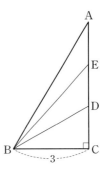

① $\dfrac{\sqrt{19}}{7}$ ② $\dfrac{\sqrt{20}}{7}$ ③ $\dfrac{\sqrt{21}}{7}$

④ $\dfrac{\sqrt{22}}{7}$ ⑤ $\dfrac{\sqrt{23}}{7}$

07 삼각함수의 극한과 미분

$\lim\limits_{x \to 0} \dfrac{\tan 2x \sin x \,(1+\cos x)}{1-\cos x}$ 의 값은?

① 1   ② 2   ③ 4

④ 6   ⑤ 8

풀이

$\lim\limits_{x \to 0} \dfrac{\tan 2x \sin x (1+\cos x)}{1-\cos x}$

$= \lim\limits_{x \to 0} \dfrac{\tan 2x \sin x (1+\cos x)^2}{(1-\cos x)(1+\cos x)}$

$= \lim\limits_{x \to 0} \dfrac{\tan 2x \sin x (1+\cos x)^2}{\sin^2 x}$

$= \lim\limits_{x \to 0} \left\{ \dfrac{\tan 2x}{\sin x} \times \dfrac{\sin x}{\sin x} \times (1+\cos x)^2 \right\}$

그런데 $\lim\limits_{x \to 0} \dfrac{\tan 2x}{\sin x} = \lim\limits_{x \to 0} \dfrac{\dfrac{\tan 2x}{x}}{\dfrac{\sin x}{x}} = \dfrac{2}{1} = 2$ 이고

$\lim\limits_{x \to 0} (1+\cos x)^2 = (1+1)^2 = 4$ 이므로

$\lim\limits_{x \to 0} \left\{ \dfrac{\tan 2x}{\sin x} \times \dfrac{\sin x}{\sin x} \times (1+\cos x)^2 \right\} = 2 \times 1 \times 4 = 8$

답 ⑤

개념 必 잡기

• 삼각함수의 극한

x의 단위가 라디안일 때, $\lim\limits_{x \to 0} \dfrac{\sin x}{x} = 1$

• $\lim\limits_{x \to 0} \dfrac{\sin x}{x} = 1$의 활용

(1) $\lim\limits_{x \to 0} \dfrac{\tan x}{x} = 1$

(2) $\lim\limits_{x \to 0} \dfrac{\sin bx}{ax} = \dfrac{b}{a} \ (a \neq 0)$

(3) $\lim\limits_{x \to 0} \dfrac{\tan bx}{ax} = \dfrac{b}{a} \ (a \neq 0)$

그림과 같이 반지름의 길이가 1인 사분원에서 호 AB 위를 움직이는 점 P가 있다. 점 A를 지나고 선분 OA에 수직인 직선과 직선 OP가 만나는 점을 Q, 호 PA의 길이를 l이라 하자. $\angle \mathrm{POA} = \theta$라 할 때, $\lim\limits_{\theta \to 0+} \dfrac{\overline{\mathrm{PQ}}}{\overline{\mathrm{AQ}} \times l}$의 값은?

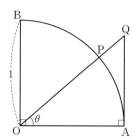

① $\dfrac{1}{4}$ ② $\dfrac{1}{2}$ ③ 1

④ 2   ⑤ 4

수능 感 잡기

문제 분석

문제에서 주어진 기하학적인 조건을 분석하여 선분의 길이들을 각 θ를 이용하여 나타내어 삼각함수의 극한값을 구하는 문제이다.

+α 개념

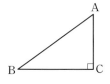

[미적분] 삼각함수의 극한과 미분 + [중3] 삼각비

• [중3] 삼각비

$\angle \mathrm{C} = 90°$인 직각삼각형 ABC에서

(1) $\sin B = \dfrac{\overline{\mathrm{AC}}}{\overline{\mathrm{AB}}}$

(2) $\cos B = \dfrac{\overline{\mathrm{BC}}}{\overline{\mathrm{AB}}}$

(3) $\tan B = \dfrac{\overline{\mathrm{AC}}}{\overline{\mathrm{BC}}}$

풀이

해결전략 ❶ 두 선분 $\overline{\mathrm{AQ}}$, $\overline{\mathrm{PQ}}$와 l의 길이를 θ로 나타내기

$\overline{\mathrm{OA}}=1$이므로 $\overline{\mathrm{AQ}}=\tan\theta$

$l=1\times\theta=\theta$

$\cos\theta=\dfrac{\overline{\mathrm{OA}}}{\overline{\mathrm{OQ}}}$에서 $\overline{\mathrm{OQ}}=\dfrac{1}{\cos\theta}$이므로

$\overline{\mathrm{PQ}}=\overline{\mathrm{OQ}}-\overline{\mathrm{OP}}$

$\quad=\dfrac{1}{\cos\theta}-1$

$\quad=\dfrac{1-\cos\theta}{\cos\theta}$

해결전략 ❷ $\displaystyle\lim_{x\to0}\dfrac{\sin x}{x}=1$을 이용하여 $\displaystyle\lim_{\theta\to0+}\dfrac{\overline{\mathrm{PQ}}}{\overline{\mathrm{AQ}}\times l}$의 값 구하기

$\displaystyle\lim_{\theta\to0+}\dfrac{\overline{\mathrm{PQ}}}{\overline{\mathrm{AQ}}\times l}=\lim_{\theta\to0+}\dfrac{\dfrac{1-\cos\theta}{\cos\theta}}{\tan\theta\times\theta}$

$\qquad=\displaystyle\lim_{\theta\to0+}\dfrac{1-\cos\theta}{\tan\theta\times\theta\times\cos\theta}$

$\qquad=\displaystyle\lim_{\theta\to0+}\dfrac{(1-\cos\theta)(1+\cos\theta)}{\tan\theta\times\theta\times\cos\theta\times(1+\cos\theta)}$

$\qquad=\displaystyle\lim_{\theta\to0+}\dfrac{\sin^2\theta}{\sin\theta\times\theta\times(1+\cos\theta)}$

$\qquad=\displaystyle\lim_{\theta\to0+}\left(\dfrac{\sin\theta}{\theta}\times\dfrac{1}{1+\cos\theta}\right)$

$\qquad=1\times\dfrac{1}{2}=\dfrac{1}{2}$

답 ②

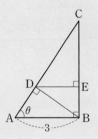

수능感 쌤의 **수능 대비 한 마디!!!**

간단한 삼각함수의 극한값을 구하는 계산문제도 있지만 주어진 문제와 같이 기하학적 상황을 이해하여 삼각함수의 극한값을 구하는 난이도 있는 문제가 매년 출제되고 있습니다. 따라서 주어진 기하학적 상황에서 도형의 길이나 넓이를 각 θ를 이용하여 나타내는 연습을 충분히 해야 합니다.

수능 유형 체크   ○ 9544-0031

그림과 같이 $\overline{\mathrm{AB}}=3$, $\angle\mathrm{B}=\dfrac{\pi}{2}$이고 $\angle\mathrm{CAB}=\theta$인 직각삼각형 ABC가 있다. 꼭짓점 B에서 변 AC에 내린 수선의 발을 D, 점 D에서 변 BC에 내린 수선의 발을 E라 할 때, $\displaystyle\lim_{\theta\to0+}\dfrac{\overline{\mathrm{CD}}\times\overline{\mathrm{DE}}}{\theta^4}$의 값을 구하시오.

문항 속 개념

| [미적분] 삼각함수의 극한과 미분 | $+$ | [수학 I] 삼각함수 | $+$ | [중3] 삼각비 |

07-1

9544-0032

등식 $\lim\limits_{x \to 0} \dfrac{2-3\cos^2 x + a}{x\sin x(1+\tan x)} = b$를 만족시키는 상수 a, b에 대하여 $a+b$의 값은?

① 3

② $\dfrac{7}{2}$

③ 4

④ $\dfrac{9}{2}$

⑤ 5

07-2

9544-0033

x에 대한 일차함수 $f(x)$에 대하여 $\lim\limits_{x \to \frac{\pi}{2}} \dfrac{\sin x \cos x}{f(x)} = \dfrac{1}{4}$이 성립할 때, $f(-\pi)$의 값은?

① 2π

② 3π

③ 4π

④ 5π

⑤ 6π

07-3
○ 9544-0034

함수 $f(x) = \sin x(1+\cos x)$에 대하여 곡선 $y = f(x)$ 위의 점 $(a, f(a))$에서의 접선이 x축과 평행한 모든 x의 값의 합은? (단, $0 \le x \le 2\pi$)

① π ② $\dfrac{5}{2}\pi$ ③ 3π

④ $\dfrac{7}{2}\pi$ ⑤ 4π

07-4
○ 9544-0035

그림과 같이 제1사분면에서 단위원 위를 움직이는 점 P에 대하여 동경 OP가 x축의 양의 방향과 이루는 각의 크기를 θ라 할 때, $\angle \mathrm{PQO} = \dfrac{\theta}{3}$를 만족시키는 x축 위의 점을 Q라 하자. $\displaystyle\lim_{\theta \to 0+} \dfrac{\overline{\mathrm{PQ}}}{\overline{\mathrm{OQ}}}$의 값은?
(단, O는 원점이다.)

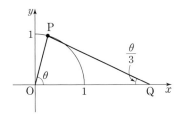

① $\dfrac{3}{4}$ ② 1 ③ $\dfrac{5}{4}$

④ $\dfrac{3}{2}$ ⑤ $\dfrac{7}{4}$

08 몫의 미분법, 합성함수의 미분법

내신 유형

함수 $f(x) = \dfrac{x-2}{x^2+1}$에 대하여

$$\lim_{h \to 0} \frac{f(1+2h) - f(1-3h)}{h}$$

의 값은?

① 1　　　　② 2　　　　③ 3

④ 4　　　　⑤ 5

풀이

$\displaystyle\lim_{h \to 0} \frac{f(1+2h) - f(1-3h)}{h}$

$=\displaystyle\lim_{h \to 0} \frac{f(1+2h) - f(1) - f(1-3h) + f(1)}{h}$

$=\displaystyle\lim_{h \to 0} \frac{f(1+2h) - f(1)}{2h} \times 2 - \lim_{h \to 0} \frac{f(1-3h) - f(1)}{-3h} \times (-3)$

$= 2f'(1) + 3f'(1) = 5f'(1)$

이때 $f(x) = \dfrac{x-2}{x^2+1}$에서

$f'(x) = \dfrac{(x-2)'(x^2+1) - (x-2)(x^2+1)'}{(x^2+1)^2}$

$= \dfrac{(x^2+1) - (x-2) \times 2x}{(x^2+1)^2} = \dfrac{-x^2+4x+1}{(x^2+1)^2}$

이므로 $f'(1) = \dfrac{-1+4+1}{(1+1)^2} = 1$

따라서 구하는 값은 $5f'(1) = 5 \times 1 = 5$

답 ⑤

개념 必 잡기

- **함수의 몫의 미분법**
  두 함수 $f(x), g(x)\,(g(x) \neq 0)$가 미분가능할 때
  $y = \dfrac{f(x)}{g(x)}$이면 $y' = \dfrac{f'(x)g(x) - f(x)g'(x)}{\{g(x)\}^2}$

- **합성함수의 미분법**
  (1) 두 함수 $y=f(u)$, $u=g(x)$가 미분가능할 때
  　합성함수 $y=f(g(x))$의 도함수는
  $$\frac{dy}{dx} = \frac{dy}{du} \cdot \frac{du}{dx} \text{ 또는 } y' = f'(g(x))g'(x)$$
  (2) 미분가능한 함수 $f(x)$에 대하여
  　$y = \{f(x)\}^n$ (n은 정수)이면
  $$y' = n\{f(x)\}^{n-1}f'(x)$$

수능 유형

실수 전체의 집합에서 미분가능한 함수 $f(x)$가

$$\lim_{x \to 1} \frac{f(x^2) - 1}{x - 1} = 5$$

를 만족시킬 때, 함수 $h(x)$를 $h(x) = (f \circ f)(x)$라 하자.
$h'(1)$의 값은?

① $\dfrac{13}{4}$　　　② 4　　　③ $\dfrac{19}{4}$

④ $\dfrac{11}{2}$　　　⑤ $\dfrac{25}{4}$

수능 感 잡기

문제 분석

함수의 극한의 성질과 연속의 정의를 이용하여 미분계수를 구한 후, 합성함수의 미분법을 이용하여 미분계수를 구하는 문제이다.

+α 개념

[미적분] 합성함수의 미분법 ＋ [수학Ⅱ] 함수의 극한 ＋ [수학Ⅱ] 미분계수

- **[수학Ⅱ] 함수의 극한의 성질**
  $\displaystyle\lim_{x \to a} \dfrac{f(x)}{g(x)} = \alpha$ (α는 상수)이고, $\displaystyle\lim_{x \to a} g(x) = 0$이면 $\displaystyle\lim_{x \to a} f(x) = 0$이다.

- **[수학Ⅱ] 미분계수**
  함수 $f(x)$의 $x=a$에서의 미분계수는
  $$f'(a) = \lim_{h \to 0} \frac{f(a+h) - f(a)}{h}$$
  $$= \lim_{x \to a} \frac{f(x) - f(a)}{x - a}$$

풀이

해결전략 ❶ 함수의 극한과 연속을 이용하여 $f(1)$의 값 구하기

$\lim\limits_{x \to 1} \dfrac{f(x^2)-1}{x-1}=5$에서

$x \to 1$일 때 (분모) $\to 0$이고 극한값이 존재하므로 (분자) $\to 0$
이어야 한다.

즉, $\lim\limits_{x \to 1}\{f(x^2)-1\}=0$

함수 $f(x)$는 $x=1$에서 연속이므로

$\lim\limits_{x \to 1}\{f(x^2)-1\}=f(1)-1=0$에서

$f(1)=1$

해결전략 ❷ 미분계수의 정의를 이용하여 $f'(1)$의 값 구하기

$$\lim_{x \to 1}\frac{f(x^2)-1}{x-1}=\lim_{x \to 1}\left\{\frac{f(x^2)-f(1)}{x^2-1}\times(x+1)\right\}$$
$$=\lim_{x \to 1}\frac{f(x^2)-f(1)}{x^2-1}\times\lim_{x \to 1}(x+1)$$
$$=f'(1)\times2=5$$

이므로 $f'(1)=\dfrac{5}{2}$

해결전략 ❸ 합성함수의 미분법을 이용하여 $h'(1)$의 값 구하기

$h(x)=(f \circ f)(x)=f(f(x))$에서

$h'(x)=f'(f(x))f'(x)$이므로

$$h'(1)=f'(f(1))f'(1)$$
$$=f'(1)f'(1)$$
$$=\frac{5}{2}\times\frac{5}{2}=\frac{25}{4}$$

답 ⑤

수능 感 쌤의 수능 대비 한 마디!!

합성함수의 미분법은 치환적분법의 원리와 밀접한 관계가 있으
며 여러 가지 함수의 합성함수에 대한 미분계수를 구하는 문제
가 자주 출제되므로 많은 연습과 준비가 필요합니다.

수능 유형 체크

○ 9544-0036

미분가능한 함수 $f(x)$와 함수 $g(x)$에 대하여
$h(x)=(g \circ f)(x)$이다. 다음 두 조건을 만족시킬 때,
$h'(2)$의 값은?

> (가) $g(x)=\dfrac{x+3}{x^2}$
>
> (나) $\lim\limits_{x \to 2}\dfrac{f(x)+3}{x^2-x-2}=1$

① $\dfrac{1}{9}$ ② $\dfrac{1}{6}$ ③ $\dfrac{1}{3}$

④ 3   ⑤ 6

문항 속 개념

[미적분]
합성함수의
미분법

+

[수학Ⅱ]
미분계수

08-1

▶ 9544-0037

함수 $f(x) = \dfrac{1-x^6}{1-x}$ 에 대하여 $f'\left(\dfrac{6}{5}\right)$ 의 값은?

① 19   ② 21   ③ 23

④ 25   ⑤ 27

08-2

▶ 9544-0038

미분가능한 함수 $f(x)$ 에 대하여 $f'(3) = -2$ 일 때, 함수 $f\left(\dfrac{3}{x+1}\right)$ 의 $x=0$ 에서의 미분계수를 구하시오.

08-3

9544-0039

함수 $f(x) = \dfrac{1}{4}x - \ln(2x^2 + n)$이 극댓값과 극솟값을 모두 갖도록 하는 자연수 n의 최댓값을 구하시오.

08-4

9544-0040

미분가능한 함수 $f(x)$가 모든 실수 x에 대하여

$$f(3x-2) = x^2 - x + 9$$

를 만족시킬 때, $\displaystyle\lim_{h \to 0} \dfrac{\sqrt{f(1+h)} - \sqrt{f(1)}}{h}$의 값은?

① $\dfrac{1}{18}$ ② $\dfrac{1}{9}$ ③ $\dfrac{1}{6}$

④ $\dfrac{2}{9}$ ⑤ $\dfrac{5}{18}$

09 매개변수로 나타내어진 함수, 음함수의 미분법

내신 유형

매개변수 t로 나타낸 곡선 $x=t^2+t$, $y=t^3-2t+1$에 대하여 $t=2$에 대응하는 점에서의 접선의 기울기는?

① 1 　　　　② $\dfrac{3}{2}$ 　　　　③ 2

④ $\dfrac{5}{2}$ 　　　　⑤ 3

풀이

$x=t^2+t$에서 $\dfrac{dx}{dt}=2t+1$

$y=t^3-2t+1$에서 $\dfrac{dy}{dt}=3t^2-2$

$\dfrac{dy}{dx}=\dfrac{\dfrac{dy}{dt}}{\dfrac{dx}{dt}}=\dfrac{3t^2-2}{2t+1}$ $\left(\text{단, } t\neq-\dfrac{1}{2}\right)$

따라서 $t=2$에 대응하는 점에서의 접선의 기울기는

$\dfrac{dy}{dx}=\dfrac{3\times2^2-2}{2\times2+1}=2$

답 ③

수능 유형

매개변수 t로 나타낸 곡선

$$x=t^3, \ y=3t-t^2$$

에 대하여 $t=a$에 대응하는 점에서의 접선의 기울기는 양수이다. 정수 a의 값이 최대일 때의 점 A가 곡선 $2x^2-xy+y^2=4$ 위에 있을 때, 점 A에서의 접선의 y절편은?

① $\dfrac{5}{3}$ 　　　　② 2 　　　　③ $\dfrac{7}{3}$

④ $\dfrac{8}{3}$ 　　　　⑤ 3

개념 잡기

• 미분가능한 두 함수 $x=f(t)$, $y=g(t)$에 대하여

$f'(t)\neq0$이면 $\dfrac{dy}{dx}=\dfrac{\dfrac{dy}{dt}}{\dfrac{dx}{dt}}=\dfrac{g'(t)}{f'(t)}$

• 음함수 $f(x, y)=0$꼴의 미분법은 합성함수의 미분법을 이용하여 양변을 x에 대하여 미분하여 도함수를 구한다.
[참고]

$\dfrac{d}{dx}y^n=\dfrac{d}{dy}y^n\dfrac{dy}{dx}=ny^{n-1}\dfrac{dy}{dx}$

수능 感 잡기

문제 분석

매개변수로 나타내어진 함수의 접선의 기울기가 양수라는 조건을 이용하고 음함수의 미분을 이용하여 접선의 기울기를 구하는 문제이다.

+α 개념

• **[수학] 직선의 방정식**
　한 점 (x_1, y_1)을 지나고 기울기가 m인 직선의 방정식은
　$y-y_1=m(x-x_1)$이다.
• **[중2] 직선의 y절편**
　직선 $y=ax+b$에서 y절편은 $x=0$일 때의 y의 값이다. 따라서 직선
　$y=ax+b$에서 $x=0$을 대입하면 $y=b$이다. 즉, y절편은 b이다.

해결전략 ❶ 매개변수의 미분을 이용하여 정수 t의 최댓값을 구하여 점 A의 좌표 구하기

$x=t^3$, $y=3t-t^2$에서

$\dfrac{dx}{dt}=3t^2$, $\dfrac{dy}{dt}=3-2t$이므로

$\dfrac{dy}{dx}=\dfrac{\dfrac{dy}{dt}}{\dfrac{dx}{dt}}=\dfrac{3-2t}{3t^2}$ (단, $t\neq 0$)

$\dfrac{3-2t}{3t^2}>0$에서 $t\neq 0$이고 $3t^2>0$이므로

$3-2t>0$, 즉 $t<\dfrac{3}{2}$

그러므로 정수 t의 최댓값은 1이다.

그런데 $t=1$일 때, $x=1$, $y=2$이므로 A$(1,\ 2)$

해결전략 ❷ 음함수의 미분을 이용하여 곡선 $2x^2-xy+y^2=4$의 미분 구하기

$2x^2-xy+y^2=4$에서 y를 x의 함수로 보고, 양변을 x에 대하여 미분하면

$\dfrac{d}{dx}(2x^2)-\dfrac{d}{dx}(xy)+\dfrac{d}{dx}(y^2)=\dfrac{d}{dx}(4)$

$4x-\left(y+x\dfrac{dy}{dx}\right)+2y\dfrac{dy}{dx}=0$

$(-x+2y)\dfrac{dy}{dx}=y-4x$

$\dfrac{dy}{dx}=\dfrac{y-4x}{2y-x}$ (단, $2y-x\neq 0$)

해결전략 ❸ 점 A에서의 접선의 기울기 구하기

점 A$(1,\ 2)$에서의 접선의 기울기는

$\dfrac{dy}{dx}=\dfrac{2-4\times 1}{2\times 2-1}=-\dfrac{2}{3}$이므로

접선의 방정식은 $y-2=-\dfrac{2}{3}(x-1)$, $y=-\dfrac{2}{3}x+\dfrac{8}{3}$

따라서 구하는 y절편은 $\dfrac{8}{3}$이다.

답 ④

수능 感 쌤의 수능 대비 한 마디!!

매개변수로 나타내어진 함수의 미분법과 음함수의 미분법은 기본적이면서 비교적 간단한 계산 문제가 출제되지만 극한값과 그래프의 특징 등과 연결하는 응용 문제도 얼마든지 출제될 수 있습니다. 따라서 극한값과 그래프의 특징 등에 대하여 충분히 이해하고 있어야 합니다.

수능 유형 체크 ◯ 9544-0041

곡선 $y=f(x)$를 매개변수 t로 나타내면

$$x=t+\dfrac{a}{t},\ y=t-\dfrac{a}{t}\ (\text{단, }a\text{는 상수})$$

이다. 곡선 $y=f(x)$에 대하여 $t=3$에 대응하는 점에서의 미분계수가 $\dfrac{1}{2}$일 때, $\displaystyle\lim_{h\to 0}\dfrac{f(-2+h)-f(-2)}{2h}$의 값은?

(단, $t>0$)

① $-\dfrac{1}{8}$ ② $-\dfrac{1}{4}$ ③ $-\dfrac{3}{8}$

④ $-\dfrac{1}{2}$ ⑤ $-\dfrac{5}{8}$

문항 속 개념

| [미적분] 미적분 | + | [수학Ⅱ] 미분계수 |

09-1

○ 9544-0042

곡선 $2x^2 + 4xy + 5y^2 = 30$ 위의 점 $(1, 2)$에서의 접선의 기울기는?

① -2 ② $-\dfrac{3}{2}$ ③ -1

④ $-\dfrac{1}{2}$ ⑤ 0

09-2

○ 9544-0043

매개변수 θ로 나타낸 곡선
$$x = 3 + \cos\theta, \ y = 1 - \sin\theta$$
에 대하여 $\theta = a$에 대응하는 점에서의 접선이 기울기가 -2인 직선과 수직일 때, $\sin a = k\cos a$이다. 상수 k의 값은?

① $\dfrac{1}{4}$ ② $\dfrac{1}{2}$ ③ 1

④ 2 ⑤ 3

09-3
⊙ 9544-0044

음함수 $x^2+y^2+ax^2y^2+b=0$에서 $x=1$, $y=2$일 때, $\dfrac{dy}{dx}$의 값이 1이다. 두 상수 a, b의 곱 ab의 값은?

① 1
② $\dfrac{3}{2}$
③ 2
④ $\dfrac{5}{2}$
⑤ 3

09-4
⊙ 9544-0045

곡선 $y=f(x)$를 매개변수 t로 나타내면
$$x=t^2,\ y=t^3+t+1$$
이다. 곡선 $y=f(x)$ 위의 두 점 $(1, 3)$, $(a, f(a))$에서의 접선의 기울기가 같을 때, $a+f(a)$의 값은?

(단, $a \neq 1$)

① $\dfrac{32}{27}$
② $\dfrac{34}{27}$
③ $\dfrac{4}{3}$
④ $\dfrac{38}{27}$
⑤ $\dfrac{40}{27}$

10 역함수의 미분법

내신 유형

함수 $f(x)=\dfrac{x+2}{x-3}$의 역함수를 $g(x)$라 할 때, $g'(0)$의 값은?

① -7 ② -6 ③ -5

④ -4 ⑤ -3

풀이

함수 $g(x)$는 함수 $f(x)$의 역함수이므로 $g(0)=a$라 하면

$f(a)=0$

즉, $\dfrac{a+2}{a-3}=0$이므로

$a+2=0,\ a=-2$

따라서 $g(0)=-2$이고

$f'(x)=\dfrac{(x-3)-(x+2)}{(x-3)^2}$

$\qquad =-\dfrac{5}{(x-3)^2}$

에서 $f'(-2)=-\dfrac{1}{5}$이므로

$g'(0)=\dfrac{1}{f'(g(0))}=\dfrac{1}{f'(-2)}$

$\qquad =\dfrac{1}{-\dfrac{1}{5}}=-5$

답 ③

수능 유형

함수 $f(x)=x^3+3x$의 역함수를 $g(x)$라 할 때, $\displaystyle\lim_{x\to4}\dfrac{g(x)-g(4)}{x-4}$의 값은?

① $\dfrac{1}{7}$ ② $\dfrac{1}{6}$ ③ $\dfrac{1}{5}$

④ $\dfrac{1}{4}$ ⑤ $\dfrac{1}{3}$

수능 感 잡기

문제 분석

함수의 극한과 미분계수에 대한 이해를 바탕으로 역함수의 미분법을 이용하여 미분계수를 구하는 문제이다.

+α 개념

[미적분]
역함수의
미분법
+
[수학]
역함수
+
[수학Ⅱ]
미분계수

• **[수학Ⅱ] 역함수**

함수 $f:X\longrightarrow Y$가 일대일 대응일 때, 집합 Y의 각 원소 y에 $f(x)=y$인 집합 X의 원소 x를 대응시키는 Y에서 X로의 함수를 함수 f의 역함수라 하고, 기호로 f^{-1}와 같이 나타낸다. 즉

$\qquad f^{-1}:Y\longrightarrow X,\ x=f^{-1}(y)$

이때 함수 $y=f(x)$의 그래프와 그 역함수 $y=f^{-1}(x)$의 그래프는 직선 $y=x$에 대하여 대칭이다.

개념 必 잡기

• **역함수의 미분법**

미분가능한 함수 $f(x)$의 역함수 $y=f^{-1}(x)$가 존재하고 미분가능할 때

$$\dfrac{dy}{dx}=\dfrac{1}{\dfrac{dx}{dy}}\ \text{또는}\ (f^{-1})'(x)=\dfrac{1}{f'(y)}$$

$$\left(\text{단, }\dfrac{dx}{dy}\neq0,\ f'(y)\neq0\right)$$

풀이

해결전략 ❶ 역함수의 성질을 이용하여 $g(4)$의 값 구하기

함수 $g(x)$는 함수 $f(x)$의 역함수이므로 $g(4)=a$라 하면

$f(a)=4$

즉, $a^3+3a=4$이므로

$a^3+3a-4=0$

$(a-1)(a^2+a+4)=0$

그런데 $a^2+a+4>0$이므로

$a=1$

해결전략 ❷ $f'(x)$를 구하여 $f'(1)$의 값 구하기

$f(x)=x^3+3x$에서

$f'(x)=3x^2+3$이므로

$f'(1)=3+3=6$

해결전략 ❸ 미분계수의 정의와 역함수의 미분법을 이용하여

$\displaystyle\lim_{x\to4}\frac{g(x)-g(4)}{x-4}$의 값 구하기

$$\lim_{x\to4}\frac{g(x)-g(4)}{x-4}=g'(4)$$

$$=\frac{1}{f'(g(4))}$$

$$=\frac{1}{f'(1)}$$

$$=\frac{1}{6}$$

답 ②

수능感쌤의 수능 대비 한 마디!!

일대일 대응인 함수 $y=f(x)$의 그래프와 그 역함수 $y=f^{-1}(x)$의 그래프는 직선 $y=x$에 대하여 대칭이고, 곡선 $y=f(x)$ 위의 점 (p, q)에서의 접선의 기울기와 곡선 $y=f^{-1}(x)$ 위의 점 (q, p)에서의 접선의 기울기는 역수 관계, 즉

$(f^{-1})'(q)=\dfrac{1}{f'(p)}$임을 기억해야 합니다.

수능유형 체크

○ 9544-0046

실수 전체의 집합에서 미분가능한 함수 $f(x)$에 대하여 $f(1)=3$, $f'(1)=6$이다. 함수 $g(x)$는 $f(x)$의 역함수일 때,

$$\lim_{x\to3}\frac{\dfrac{1}{\sqrt{g(x)}}-\dfrac{1}{\sqrt{g(3)}}}{x-3}$$

의 값은? (단, $g(x)>0$)

① $-\dfrac{1}{12}$ ② $-\dfrac{1}{10}$ ③ $-\dfrac{1}{8}$

④ $-\dfrac{1}{6}$ ⑤ $-\dfrac{1}{4}$

문항 속 개념

[미적분]
역함수의
미분법

+

[수학Ⅱ]
함수의 극한

+

[수학Ⅱ]
미분계수

10-1

9544-0047

함수 $x=(y^5-2)^3$에 대하여 $x=1$일 때, $\dfrac{dy}{dx}$의 값은?

① $\dfrac{1}{11\sqrt[5]{3^4}}$ ② $\dfrac{1}{12\sqrt[5]{3^4}}$ ③ $\dfrac{1}{13\sqrt[5]{3^4}}$

④ $\dfrac{1}{14\sqrt[5]{3^4}}$ ⑤ $\dfrac{1}{15\sqrt[5]{3^4}}$

10-2

9544-0048

실수 전체의 집합에서 증가하고 미분가능한 함수 $f(x)$가

$$\lim_{x \to 1}\frac{f(x)-5}{x-1}=\frac{1}{2}$$

을 만족시킨다. 함수 $f(x)$의 역함수 $g(x)$에 대하여 함수 $\{g(x)\}^2$의 $x=5$에서의 미분계수를 구하시오.

10-3

▶ 9544-0049

실수 전체의 집합에서 증가하고 미분가능한 함수
$f(x)$가

$$\lim_{x \to 1} \frac{f(x)-4}{x^2-1} = 2$$

를 만족시킨다. 함수 $f(-x+2)$의 역함수를 $g(x)$라
할 때, $g'(4)$의 값은?

① $-\dfrac{3}{4}$ ② $-\dfrac{1}{2}$ ③ $-\dfrac{1}{4}$

④ $\dfrac{1}{4}$ ⑤ $\dfrac{1}{2}$

10-4

▶ 9544-0050

실수 전체의 집합에서 증가하고 미분가능한 함수
$f(x)$가 있다. 곡선 $y=f(x)$ 위의 점 $(1, 5)$에서의 접
선의 기울기는 $\dfrac{1}{4}$이다. 함수 $f(2x+3)$의 역함수를
$g(x)$라 할 때, $g'(5)$의 값은?

① $\dfrac{1}{2}$ ② 1 ③ $\dfrac{3}{2}$

④ 2 ⑤ $\dfrac{5}{2}$

11 접선의 방정식

내신 유형

곡선 $y=e^{4x}-5x+a$ 위의 점 $(0, a+1)$에서의 접선이 점 $(3, 8)$을 지날 때, a의 값은?

① 6   ② 7   ③ 8

④ 9   ⑤ 10

풀이

$f(x)=e^{4x}-5x+a$로 놓으면

$f'(x)=4e^{4x}-5$

곡선 $y=f(x)$ 위의 점 $(0, a+1)$에서의 접선의 기울기는

$f'(0)=4\times e^0-5=4-5=-1$

이므로 접선의 방정식은

$y-(a+1)=-(x-0)$

즉, $y=-x+a+1$

이 접선이 점 $(3, 8)$을 지나므로

$8=-3+a+1$

따라서 $a=10$

답 ⑤

개념 必 잡기

- **접선의 방정식**

  함수 $f(x)$가 $x=a$에서 미분가능할 때, 곡선 $y=f(x)$ 위의 점 $P(a, f(a))$에서의 접선의 방정식은

  $$y-f(a)=f'(a)(x-a)$$

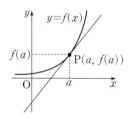

[참고]

곡선 $y=f(x)$ 위의 점 $(a, f(a))$에서의 접선에 수직인 직선의 방정식은

$$y-f(a)=-\frac{1}{f'(a)}(x-a) \ (단, f'(a)\neq 0)$$

수능 유형

함수 $f(x)=2\ln x-(\ln x)^2$의 그래프가 x축과 두 점 P, Q에서 만난다. 곡선 $y=f(x)$ 위의 두 점 P, Q에서의 접선을 각각 l_1, l_2라 할 때, 두 직선 l_1, l_2가 만나는 점의 x좌표는?

① $\dfrac{e^2}{1+e^2}$ ② $\dfrac{2e^2}{1+e^2}$ ③ $\dfrac{e^2}{1+e^4}$

④ $\dfrac{2e^2}{1+e^4}$ ⑤ $\dfrac{3e^2}{1+e^4}$

수능 感 잡기

문제 분석

두 점 P, Q의 좌표를 구하고 두 접선 l_1, l_2의 방정식을 구하여 만나는 점의 좌표를 구하는 문제이다.

+α 개념

[미적분] 접선의 방정식	**+**	[미적분] 로그함수의 도함수	**+**	[수학] 직선의 방정식

- **[미적분] 로그함수의 도함수**

  (1) $y=\ln x \ (x>0)$이면 $y'=\dfrac{1}{x}$

  (2) $y=\log_a x \ (x>0, a>0, a\neq 1)$이면 $y'=\dfrac{1}{x\ln a}$

- **[수학] 직선의 방정식**

  (1) 좌표평면 위의 한 점 $A(x_1, y_1)$을 지나고 기울기가 m인 직선의 방정식은

  $$y-y_1=m(x-x_1)$$

  (2) 좌표평면 위의 두 점 $A(x_1, y_1)$, $B(x_2, y_2)$를 지나는 직선의 방정식은

  ① $x_1\neq x_2$일 때, $y-y_1=\dfrac{y_2-y_1}{x_2-x_1}(x-x_1)$

  ② $x_1=x_2$일 때, $x=x_1$

풀이

해결전략 ❶ 함수 $f(x)$의 그래프와 x축과의 교점 P, Q 구하기

함수 $f(x)=2\ln x-(\ln x)^2$의 그래프와 x축과의 교점 P, Q

는 $2\ln x-(\ln x)^2=0$에서 $\ln x(2-\ln x)=0$

$\ln x=0$ 또는 $\ln x=2$

그러므로 $x=1$ 또는 $x=e^2$

해결전략 ❷ 두 점 P, Q에서의 각각의 접선 l_1, l_2 구하기

한편, $f'(x)=\dfrac{2}{x}-\dfrac{2\ln x}{x}=\dfrac{2(1-\ln x)}{x}$이므로

점 P$(1, 0)$에서 접하는 접선 l_1의 방정식은

$f'(1)=2$이므로

$y=2(x-1)=2x-2$ …… ㉠

점 Q$(e^2, 0)$에서 접하는 접선 l_2의 방정식은

$f'(e^2)=-2e^{-2}$이므로

$y=-2e^{-2}(x-e^2)$

$\quad=-2e^{-2}x+2$ …… ㉡

해결전략 ❸ 두 직선 l_1, l_2가 만나는 점의 x좌표 구하기

㉠과 ㉡에서 $2x-2=-2e^{-2}x+2$이므로

$x-1=-e^{-2}x+1$, 즉 $(1+e^{-2})x=2$

$x=\dfrac{2}{1+e^{-2}}=\dfrac{2e^2}{e^2+1}$

답 ②

수능感 쌤의 수능 대비 한 마디!!

접선의 방정식에 관한 문제는 접점의 좌표를 구하는 것이 핵심입니다. 접점, 접선의 기울기, 곡선 밖의 한 점 등 다양하게 주어지는 조건을 이용하여 접선을 구하는 연습을 폭넓게 해야 합니다.

자연수 n에 대하여 점 $(n\ln 5, 0)$에서 곡선 $y=e^{x-1}$에 그은 접선의 접점의 y좌표를 a_n이라 할 때, $\displaystyle\sum_{n=1}^{\infty}\dfrac{1}{a_n}$의 값은?

① $\dfrac{1}{6}$ ② $\dfrac{1}{5}$ ③ $\dfrac{1}{4}$

④ $\dfrac{1}{3}$ ⑤ $\dfrac{1}{2}$

문항 속 개념

[미적분] 접선의 방정식 ＋ [미적분] 지수함수의 도함수 ＋ [미적분] 등비급수

11-1

● 9544-0052

직선 $y=mx+n$이 한 점에서 두 곡선 $y=\ln x$와 $y=ax^2$에 모두 접할 때, $\dfrac{m^2}{a}+n$의 값은?

(단, a, m, n은 상수이다.)

① 1　　　② $\dfrac{3}{2}$　　　③ 2

④ $\dfrac{5}{2}$　　　⑤ 2

11-2

● 9544-0053

곡선 $y=3x\ln x$ 위의 점 $(1, 0)$을 지나고, 이 점에서의 접선에 수직인 직선을 l이라 하자. 점 $(2, 3)$과 직선 l 사이의 거리는?

① $\sqrt{7}$　　　② $2\sqrt{2}$　　　③ 3

④ $\sqrt{10}$　　　⑤ $\sqrt{11}$

11-3

◉ 9544-0054

곡선 $y=\sqrt{x}$ 위의 한 점 $(a, \sqrt{a})$에서의 접선 l과 x축 및 두 직선 $x=0$, $x=10$으로 둘러싸인 사다리꼴의 넓이가 $10\sqrt{5}$일 때, a의 값을 구하시오.

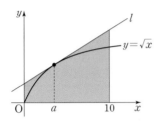

11-4

◉ 9544-0055

x축 위의 점 $(a, 0)$에서 곡선 $y=(x-4)e^x$에 서로 다른 두 개의 접선을 그을 수 있도록 하는 자연수 a의 최솟값을 구하시오.

12 함수의 그래프

함수 $f(x)=e^{-x}(x-k)$의 극댓값이 e^2일 때, 상수 k의 값은?

① -5 ② -4 ③ -3
④ -2 ⑤ -1

풀이

$f(x)=e^{-x}(x-k)$에서
$f'(x)=-e^{-x}(x-k)+e^{-x}=-e^{-x}\{x-(k+1)\}$
$f'(x)=0$에서 $x=k+1$
이때 $e^{-x}>0$이므로
$x<k+1$일 때 $f'(x)>0$이고,
$x>k+1$일 때 $f'(x)<0$이다.
함수 $f(x)$는 $x=k+1$에서 극댓값 $f(k+1)$을 가지므로
$$f(k+1)=e^{-k-1}(k+1-k)$$
$$=e^{-k-1}=e^2$$
따라서 $-k-1=2$이므로
$k=-3$

답 ③

개념 必 잡기

- **함수의 극대와 극소의 판정**
  미분가능한 함수 $f(x)$에 대하여 $f'(a)=0$이고 $x=a$의 좌우에서 $f'(x)$의 부호가
  ① 양에서 음으로 바뀌면 $f(x)$는 $x=a$에서 극대이다.
  ② 음에서 양으로 바뀌면 $f(x)$는 $x=a$에서 극소이다.
- **이계도함수를 이용한 극대와 극소의 판정**
  이계도함수를 갖는 함수 $f(x)$에 대하여 $f'(a)=0$일 때
  ① $f''(a)<0$이면 $f(x)$는 $x=a$에서 극대이다.
  ② $f''(a)>0$이면 $f(x)$는 $x=a$에서 극소이다.
- **곡선의 오목과 볼록, 변곡점**
  ① 함수 $f(x)$가 어떤 구간에서 $f''(x)>0$이면 곡선 $y=f(x)$는 이 구간에서 아래로 볼록(위로 오목)하다.
  ② 함수 $f(x)$가 어떤 구간에서 $f''(x)<0$이면 곡선 $y=f(x)$는 이 구간에서 위로 볼록(아래로 오목)하다.
  ③ 함수 $f(x)$에서 $f''(a)=0$이고 $x=a$의 좌우에서 $f''(x)$의 부호가 바뀌면 점 $(a, f(a))$는 곡선 $y=f(x)$의 변곡점이다.

함수 $f(x)=\ln(1+x^2)$에 대하여 〈보기〉에서 옳은 것만을 있는 대로 고른 것은?

┤ 보기 ├

ㄱ. $\sum_{n=1}^{12}\{f'(-n)+f'(n)\}=0$
ㄴ. 곡선 $y=f(x)$는 열린 구간 $(-1, 1)$에서 위로 볼록하다.
ㄷ. 곡선 $y=f(x)$의 두 변곡점에서의 접선은 서로 수직이다.

① ㄱ   ② ㄷ   ③ ㄱ, ㄷ
④ ㄴ, ㄷ   ⑤ ㄱ, ㄴ, ㄷ

수능 感 잡기

문제 분석

함수의 도함수, 이계도함수, 곡선의 오목과 볼록, 변곡점, 수직인 두 접선의 관계, 함수의 그래프에 대한 종합적인 이해를 바탕으로 주어진 함수에 대한 〈보기〉의 각 명제의 참, 거짓을 판별할 수 있는지를 묻는 문제이다.

+α 개념

- **[수학] 두 직선의 위치 관계**
  두 직선 $y=mx+n, y=m'x+n'$에 대하여
  (1) 평행하다. $\Longleftrightarrow m=m', n\neq n'$
  (2) 일치한다. $\Longleftrightarrow m=m', n=n'$
  (3) 한 점에서 만난다. $\Longleftrightarrow m\neq m'$
  (4) 수직이다. $\Longleftrightarrow mm'=-1$

풀이

해결전략 ❶ 미분법을 이용하여 $f'(x)$, $f''(x)$ 구하기

$f(x)=\ln(1+x^2)$에서 $f'(x)=\dfrac{2x}{1+x^2}$

$f''(x)=\dfrac{(2x)'(1+x^2)-2x(1+x^2)'}{(1+x^2)^2}$

$=\dfrac{2(1+x^2)-2x\times 2x}{(1+x^2)^2}=\dfrac{2(1-x^2)}{(1+x^2)^2}$

해결전략 ❷ $f'(-x)+f'(x)=0$임을 확인하여 ㄱ의 참, 거짓 판별하기

ㄱ. $f'(-x)=\dfrac{-2x}{1+x^2}$, $f'(x)=\dfrac{2x}{1+x^2}$이므로

$f'(-x)+f'(x)=0$

그러므로 $\displaystyle\sum_{n=1}^{12}\{f'(-n)+f'(n)\}=0$ (참)

해결전략 ❸ 이계도함수의 부호를 이용하여 ㄴ의 참, 거짓 판별하기

ㄴ. $-1<x<1$에서 $f''(x)=\dfrac{2(1-x^2)}{(1+x^2)^2}>0$이므로 곡선

$y=f(x)$는 열린 구간 $(-1,1)$에서 아래로 볼록하다.

(거짓)

해결전략 ❹ 이계도함수의 부호를 조사하여 ㄷ의 참, 거짓 판별하기

ㄷ. $f''(x)=\dfrac{2(1-x^2)}{(1+x^2)^2}=0$에서 $2(1-x^2)=0$, 즉 $x^2-1=0$

이므로

$x=-1$ 또는 $x=1$

$x=-1$, $x=1$의 좌우에서 $f''(x)$의 부호가 바뀌므로 두
점 $(-1,\ln 2)$, $(1,\ln 2)$는 곡선 $y=f(x)$의 변곡점이다.
이때 $f'(-1)\times f'(1)=(-1)\times 1=-1$이므로 곡선
$y=f(x)$의 두 변곡점에서의 접선은 서로 수직이다. (참)

따라서 옳은 것은 ㄱ, ㄷ이다.

답 ③

수능感 쌤의 수능 대비 한 마디!!!

이계도함수의 부호는 도함수의 증가와 감소, 즉 접선의 기울기
의 증가와 감소를 나타내므로 곡선의 오목과 볼록을 결정하는
핵심적인 요소임을 잊지 말아야 합니다.

수능 유형 체크　　　　◗ 9544-0056

함수 $f(x)=x^2+4x\ln x$에 대하여 〈보기〉에서 옳은 것
만을 있는 대로 고른 것은?

┤ 보기 ├

ㄱ. $f'(1)=6$

ㄴ. 두 양수 a, b에 대하여 $a<b$이면 $f'(a)<f'(b)$
　　이다.

ㄷ. 함수 $f(x)$가 $x=c$에서 극솟값을 갖는 c가 열린 구
　　간 $(e^{-2},1)$에 존재한다.

① ㄱ　　　　② ㄷ　　　　③ ㄱ, ㄴ

④ ㄴ, ㄷ　　　　⑤ ㄱ, ㄴ, ㄷ

문항 속 개념

[미적분] 함수의 그래프 **+** [수학Ⅱ] 함수의 극대와 극소 **+** [수학Ⅱ] 사이값 정리

12-1

○ 9544-0057

함수 $f(x)=\dfrac{ax}{x^2+1}$에 대하여 $f'(0)=2$일 때, 극댓값은? (단, a는 상수이다.)

① 1 　　② $\dfrac{3}{2}$ 　　③ 2

④ $\dfrac{5}{2}$ 　　⑤ 3

12-2

○ 9544-0058

곡선 $y=\left(\ln\dfrac{1}{ax}\right)^2$의 변곡점이 직선 $y=2x-3$ 위에 있을 때, 양수 a의 값은?

① $\dfrac{1}{2}e$ 　　② $\dfrac{3}{4}e$ 　　③ e

④ $\dfrac{5}{4}e$ 　　⑤ $\dfrac{3}{2}e$

12-3

⊙ 9544-0059

닫힌 구간 $[0, 2\pi]$에서 정의된 함수

$f(x) = \dfrac{\sin x}{\cos x + 2}$ 는 $x = a$에서 최댓값, $x = b$에서 최

솟값을 갖는다. $a + b$의 값은?

① π 　　② $\dfrac{4}{3}\pi$ 　　③ $\dfrac{5}{3}\pi$

④ 2π 　　⑤ $\dfrac{7}{3}\pi$

12-4

⊙ 9544-0060

함수 $f(x) = \ln(x^2 + 6)$에 대하여 〈보기〉에서 옳은 것만을 있는 대로 고른 것은?

┤ 보기 ├

ㄱ. 함수 $f(x)$는 구간 $(0, \infty)$에서 증가한다.

ㄴ. $-\sqrt{6} < x_1 < x_2 < \sqrt{6}$인 x_1, x_2에 대하여

$f\left(\dfrac{x_1 + x_2}{2}\right) > \dfrac{f(x_1) + f(x_2)}{2}$ 이다.

ㄷ. 함수 $f(x)$의 변곡점의 개수는 2이다.

① ㄱ   　　② ㄴ   　　③ ㄱ, ㄷ

④ ㄴ, ㄷ   　　⑤ ㄱ, ㄴ, ㄷ

13 방정식과 부등식에의 활용

내신 유형

$x>0$인 모든 실수 x에 대하여 부등식

$$x^2 \ln x \geq a$$

가 성립하도록 하는 실수 a의 최댓값은?

① $-2e$ ② $-e$ ③ $-\dfrac{1}{e}$

④ $-\dfrac{1}{2e}$ ⑤ $-\dfrac{1}{4e}$

풀이

$f(x)=x^2 \ln x$로 놓으면

$f'(x)=2x \ln x + x^2 \times \dfrac{1}{x} = x(2 \ln x + 1)$

이때 $x>0$이므로 $f'(x)=0$에서

$\ln x = -\dfrac{1}{2}$, 즉 $x = \dfrac{1}{\sqrt{e}}$

함수 $f(x)$의 증가와 감소를 표로 나타내면 다음과 같다.

x	(0)	$\cdots$	$\dfrac{1}{\sqrt{e}}$	$\cdots$
$f'(x)$		$-$	0	$+$
$f(x)$		$\searrow$	극소	$\nearrow$

함수 $f(x)$는 $x=\dfrac{1}{\sqrt{e}}$에서 극소이면서 최소이므로

최솟값은 $f\left(\dfrac{1}{\sqrt{e}}\right)=-\dfrac{1}{2e}$

즉, $f(x) \geq -\dfrac{1}{2e}$이므로 $a \leq -\dfrac{1}{2e}$이어야 한다.

따라서 실수 a의 최댓값은 $-\dfrac{1}{2e}$이다.

답 ④

개념 잡기

• **방정식과 부등식에의 활용**
  (1) 방정식 $f(x)=g(x)$의 서로 다른 실근의 개수는 함수 $y=f(x)$의 그래프와 함수 $y=g(x)$의 그래프의 교점의 개수와 같다.
  (2) 어떤 구간에서 부등식 $f(x) \geq g(x)$가 성립함을 보이려면 $h(x)=f(x)-g(x)$로 놓고, 주어진 구간에서 함수 $h(x)$의 최솟값이 0보다 크거나 같음을 보이면 된다.

수능 유형

x에 대한 방정식 $x - \ln x + 4 - k = 0$이 서로 다른 두 실근을 갖도록 하는 자연수 k의 최솟값은?

$$\left(단, \lim_{x \to \infty}(x-\ln x) - \infty이다.\right)$$

① 4 ② 5 ③ 6

④ 7 ⑤ 8

수능 感 잡기

문제 분석

도함수를 통해 함수의 증가와 감소, 극값을 조사하여 그래프의 개형을 그리고, 그래프를 이용하여 방정식이 서로 다른 두 실근을 갖도록 하는 자연수의 최솟값을 구하는 문제이다.

+α 개념

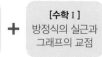

[미적분] 방정식과 부등식에의 활용	+	[수학 I] 방정식의 실근과 그래프의 교점

• **[수학 I] 방정식의 실근과 그래프의 교점**
  (1) 방정식 $f(x)=0$의 실근은 함수 $y=f(x)$의 그래프와 x축의 교점의 x좌표와 같다.
  (2) 방정식 $f(x)=g(x)$의 실근은 함수 $y=f(x)$의 그래프와 함수 $y=g(x)$의 그래프의 교점의 x좌표와 같다.

풀이

해결전략 ① 주어진 식을 $x-\ln x+4=k$로 변형하여 좌변을 함수 $f(x)$로 놓기

$x-\ln x+4-k=0$에서

$x-\ln x+4=k$

$f(x)=x-\ln x+4$로 놓자.

해결전략 ② 도함수를 이용하여 함수 $f(x)$의 증가와 감소 조사하기

$f'(x)=1-\dfrac{1}{x}=\dfrac{x-1}{x}$

$f'(x)=0$에서 $x=1$

함수 $f(x)$의 증가와 감소를 표로 나타내면 다음과 같다.

x	(0)	$\cdots$	1	$\cdots$
$f'(x)$		$-$	0	$+$
$f(x)$		$\searrow$	극소	$\nearrow$

함수 $f(x)$는 $x=1$에서 극소이면서 최소이므로 최솟값은

$f(1)=1-0+4=5$

해결전략 ③ 직선 $y=k$를 위, 아래로 평행이동시키면서 k의 최솟값 구하기

$\lim\limits_{x \to 0+} f(x)=\infty$, $\lim\limits_{x \to \infty} f(x)=\infty$

이므로 함수 $y=f(x)$의 그래프는 그림과 같고 함수 $y=f(x)$의 그래프와 직선 $y=k$가 서로 다른 두 점에서 만나려면 $k>f(1)$, 즉 $k>5$이어야 한다.

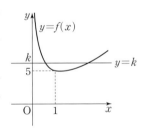

따라서 방정식

$x-\ln x+4-k=0$이 서로 다른 두 실근을 갖도록 하는 자연수 k의 최솟값은 6이다.

답 ③

수능感 쌤의 **수능 대비 한 마디!!**

실수 k가 포함되어 있는 방정식 $f(x)=k$ 꼴의 실근의 개수를 구하는 문제는 함수 $y=f(x)$의 그래프를 먼저 그린 다음, 직선 $y=k$를 이용하여 k의 값의 변화에 따른 교점의 개수의 변화를 조사하면 편리합니다.

수능 유형 체크

○ 9544-0061

x에 대한 방정식 $ax^2=\ln x$가 실근을 갖도록 하는 양수 a의 최댓값은?

① $\dfrac{1}{2e}$ ② $\dfrac{1}{e}$ ③ $\sqrt{e}$

④ e ⑤ $2e$

문항 속 개념

[미적분]
방정식과
부등식에의 활용

+

[미적분]
이계도함수를 이용한
극값의 판정

13-1

◐ 9544-0062

방정식 $\ln x = ax$가 한 개의 실근을 갖도록 하는 상수 a의 값은?

① $\dfrac{1}{e}$　　　② e　　　③ $\dfrac{2}{e}$

④ $2e$　　　⑤ $\dfrac{3}{e}$

13-2

◐ 9544-0063

모든 양수 x에 대하여 부등식 $\sin x + 2\cos x > k - 3x^2$ 이 성립하도록 하는 상수 k의 최댓값은?

① 1　　　② $\sqrt{2}$　　　③ 2

④ e　　　⑤ $e+1$

13-3

▶ 9544-0064

x에 대한 방정식 $x \ln x + x - 12 + n = 0$이 실근을 갖도록 하는 모든 자연수 n의 값의 합을 구하시오.

13-4

▶ 9544-0065

모든 실수 x에 대하여 부등식 $\dfrac{x}{x^2+4} \geq a$가 성립하도록 하는 실수 a의 최댓값은?

① $-\dfrac{1}{2}$
② $-\dfrac{1}{4}$
③ $-\dfrac{1}{8}$

④ $\dfrac{1}{4}$
⑤ $\dfrac{1}{2}$

14 속도와 가속도

내신 유형

수직선 위를 움직이는 점 P의 시각 t에서의 위치가

$$x = k \ln (2t+3)$$

일 때, $t=2$일 때의 속도가 2이다. $t=1$일 때의 가속도는?
(단, k는 상수이다.)

① $-\dfrac{29}{25}$ ② $-\dfrac{28}{25}$ ③ $-\dfrac{27}{25}$

④ $-\dfrac{26}{25}$ ⑤ -1

풀이

$x = k \ln (2t+3)$에서 속도 v는

$$v = \frac{dx}{dt} = \frac{2k}{2t+3}$$

$t=2$일 때의 속도가 2이므로

$\dfrac{2k}{2 \times 2 + 3} = 2$에서 $2k = 14$, $k=7$

$v = \dfrac{14}{2t+3}$에서 가속도 a는

$$a = \frac{dv}{dt} = \frac{-28}{(2t+3)^2}$$

따라서 $t=1$일 때의 가속도는 $-\dfrac{28}{25}$이다.

답 ②

개념 必 잡기

• 수직선 위를 움직이는 점 P의 시각 t에서의 위치가 $x=f(t)$일 때, 시각 t의 속도 v와 가속도 a는

$$v = \frac{dx}{dt} = f'(t),\ a = \frac{dv}{dt} = f''(t)$$

• 좌표평면 위를 움직이는 점 P의 시각 t에서의 위치가
$x=f(t)$, $y=g(t)$일 때,
  (1) 속도: $(f'(t), g'(t))$
  속력: $\sqrt{\left(\dfrac{dx}{dt}\right)^2 + \left(\dfrac{dy}{dt}\right)^2}$
  (2) 가속도: $(f''(t), g''(t))$
  가속도의 크기: $\sqrt{\{f''(t)\}^2 + \{g''(t)\}^2}$

수능 유형

좌표평면 위를 움직이는 점 $P(x, y)$의 시각 t에서의 위치가

$$x = \cos t,\ y = 2 \sin t + \frac{1}{2} t^2 \left(0 \leq t \leq \frac{\pi}{2} \right)$$

이다. 가속도의 크기가 최소일 때의 가속도는?

① $\left(-\dfrac{\sqrt{5}}{3}, -\dfrac{2}{3} \right)$ ② $\left(-\dfrac{\sqrt{5}}{3}, -\dfrac{1}{3} \right)$

③ $\left(-\dfrac{2}{3}, -\dfrac{2}{3} \right)$ ④ $\left(-\dfrac{2}{3}, -\dfrac{1}{3} \right)$

⑤ $\left(-\dfrac{\sqrt{3}}{3}, -\dfrac{2}{3} \right)$

수능 感 잡기

문제 분석

수직선과 평면 위를 움직이는 점의 속도와 가속도를 구하여 가속도의 크기가 최소가 될 때의 가속도를 구하는 문제이다.

+α 개념

| [미적분] 속도와 가속도 | + | [수학 I] 삼각함수 | + | [수학] 이차함수 |

• **[수학 I] 삼각함수 사이의 관계**
$\sin^2 \theta + \cos^2 \theta = 1$

• **[수학] 이차함수의 최댓값과 최솟값**
$y = ax^2 + bx + c = a \left(x + \dfrac{b}{2a} \right)^2 - \dfrac{b^2 - 4ac}{4a}$에서
(i) $a > 0$
  $x = -\dfrac{b}{2a}$일 때, 최솟값 $-\dfrac{b^2 - 4ac}{4a}$를 갖는다.
(ii) $a < 0$
  $x = -\dfrac{b}{2a}$일 때, 최댓값 $-\dfrac{b^2 - 4ac}{4a}$를 갖는다.

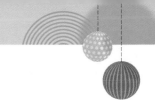

풀이

해결전략 ❶ 시각 t에서의 점 P의 가속도 구하기

$x=\cos t,\ y=2\sin t+\dfrac{1}{2}t^2$에서

$\dfrac{dx}{dt}=-\sin t,\ \dfrac{dy}{dt}=2\cos t+t$이고

$\dfrac{d^2x}{dt^2}=-\cos t,\ \dfrac{d^2y}{dt^2}=-2\sin t+1$이므로

시각 t에서의 점 P의 가속도는 $(-\cos t,\ -2\sin t+1)$이다.

해결전략 ❷ 가속도의 크기 구하기

시각 t에서의 점 P의 가속도의 크기는

$\sqrt{(-\cos t)^2+(-2\sin t+1)^2}$
$=\sqrt{\cos^2 t+4\sin^2 t-4\sin t+1}$
$=\sqrt{(1-\sin^2 t)+4\sin^2 t-4\sin t+1}$
$=\sqrt{3\sin^2 t-4\sin t+2}$
$=\sqrt{3\left(\sin t-\dfrac{2}{3}\right)^2+\dfrac{2}{3}}$

해결전략 ❸ 가속도의 크기가 최소일 때의 점 P의 가속도 구하기

그러므로 $\sin t=\dfrac{2}{3}$일 때 가속도의 크기가 최소이고

$0\le t\le \dfrac{\pi}{2}$이므로

$\cos t=\sqrt{1-\sin^2 t}=\sqrt{1-\dfrac{4}{9}}=\dfrac{\sqrt{5}}{3}$

따라서 시각 t에서의 점 P의 가속도는 $\left(-\dfrac{\sqrt{5}}{3},\ -\dfrac{1}{3}\right)$이다.

답 ②

수능 유형 체크 ○ 9544-0066

좌표평면 위의 점 $(1, 6)$을 출발하여 곡선 $y=\dfrac{6}{x}$ 위를 이동하는 동점 P가 있다. 점 P에서 x축 위에 내린 수선의 발을 Q라고 하자. 점 P가 움직임에 따라 점 Q가 초속 1의 속도로 이동한다. 점 P가 점 $(2, 3)$을 지날 때의 점 P의 속도의 크기는? (단, $x>0$)

① $\sqrt{3}$ ② $\dfrac{\sqrt{13}}{2}$ ③ $\dfrac{\sqrt{14}}{2}$

④ $\dfrac{\sqrt{15}}{2}$ ⑤ 2

문항 속 개념

[미적분] 미분법 **+** **[중3]** (거리)=(시간)×(속도)

수능感 쌤의 수능 대비 한 마디!!!

수직선과 평면 위를 움직이는 점의 위치가 시간에 대한 함수로 주어졌을 때의 점의 속도와 가속도를 구하는 문제가 주로 출제되며 속도와 가속도의 크기를 구하는 문제가 출제 되지만 수학과 수학 Ⅰ, Ⅱ의 내용을 이용하는 응용 문제가 얼마든지 출제될 수 있습니다.

14-1

⊙ 9544-0067

수직선 위를 움직이는 동점 P의 시각 t에서의 위치가 $x=e^{3t}$이다. $t=2$일 때의 점 P의 가속도는?

① $9e^4$　　　　② $9e^5$　　　　③ $9e^6$

④ $10e^5$　　　　⑤ $10e^6$

14-2

⊙ 9544-0068

좌표평면 위를 움직이는 점 $P(x, y)$의 시각 t에서의 위치가

$$x=t-2,\ y=t^2-4t$$

이다. $t=0$일 때의 점 P의 위치와 속력이 최소일 때의 점 P의 위치 사이의 거리는?

① $\sqrt{3}$　　　　② $2\sqrt{3}$　　　　③ $3\sqrt{3}$

④ $2\sqrt{5}$　　　　⑤ $3\sqrt{5}$

14-3

○ 9544-0069

시각 t에서 점 P의 위치가

$$x=\cos 2t, \ y=\sin 2t$$

일 때, 〈보기〉에서 옳은 것만을 있는 대로 고른 것은?

┌ 보기 ├

ㄱ. $t=\pi$일 때의 점 P의 속도는 $(0, 2)$이다.

ㄴ. 점 P의 속력은 시간 t의 값에 따라 변한다.

ㄷ. 속력과 가속도의 크기가 같아질 때가 있다.

① ㄱ   ② ㄴ   ③ ㄱ, ㄷ

④ ㄴ, ㄷ   ⑤ ㄱ, ㄴ, ㄷ

14-4

○ 9544-0070

좌표평면 위를 움직이는 점 P의 시각 t에서의 위치가

$$x=f(t), \ y=g(t)$$

일 때, 두 함수 $f(t), g(t)$는 다음 조건을 만족시킨다.

(가) $f(0)=0$, $g(0)=k$

(나) $f'(t)=tg(t)$, $g'(t)=-tf(t)$

$t=2$일 때의 점 P의 속도의 크기가 6일 때, 양수 k의 값을 구하시오.

15 여러 가지 함수의 부정적분과 정적분

내신 유형

미분가능한 함수 $f(x)$에 대하여 $f'(x)=\dfrac{e^{2x}-4}{e^x+2}$일 때, $f(1)-f(0)$의 값은?

① $e-4$ ② $e-3$ ③ $e-2$

④ $2e-3$ ⑤ $2(e-1)$

풀이

$$
\begin{aligned}
f(x) &= \int \frac{e^{2x}-4}{e^x+2}\,dx \\
&= \int \frac{(e^x+2)(e^x-2)}{e^x+2}\,dx \\
&= \int (e^x-2)\,dx = e^x-2x+C \ (\text{단, } C\text{는 적분상수})
\end{aligned}
$$

따라서 $f(1)-f(0)=e-2+C-(1+C)=e-3$

답 ②

수능 유형

함수 $f(x)$는 ae^x+2^x의 한 부정적분이고
$$\lim_{h\to 0}\frac{f(3h)-f(0)}{h}=6$$이다. $f(0)=\dfrac{1}{\ln 2}$일 때,
$$\int_0^1 f'(x)\,dx$$의 값은?

① $e+\dfrac{1}{\ln 2}-1$ ② $e+\dfrac{1}{\ln 2}$

③ $2e+\dfrac{1}{\ln 2}-1$ ④ $2e+\dfrac{1}{\ln 2}$

⑤ $3e+\dfrac{1}{\ln 2}$

개념 잡기

• 함수 $f(x)$의 부정적분 중의 하나를 $F(x)$라 하면

① $\displaystyle\int f(x)\,dx=F(x)+C$ (단, C는 적분상수)

② $\displaystyle\int_a^b f(x)\,dx=\Big[F(x)\Big]_a^b=F(b)-F(a)$

• 여러 가지 함수의 부정적분

① $\displaystyle\int x^n\,dx=\frac{1}{n+1}x^{n+1}+C \ (n\neq -1)$

② $\displaystyle\int x^{-1}\,dx=\int \frac{1}{x}\,dx=\ln|x|+C \ (n=-1)$

③ $\displaystyle\int e^x\,dx=e^x+C, \ \int a^x\,dx=\frac{a^x}{\ln a}+C$

④ $\displaystyle\int \sin x\,dx=-\cos x+C, \ \int \cos x\,dx=\sin x+C$

⑤ $\displaystyle\int \sec^2 x\,dx=\tan x+C$

$\quad\displaystyle\int \mathrm{cosec}^2 x\,dx=-\cot x+C$

⑥ $\displaystyle\int \sec x\tan x\,dx=\sec x+C$

$\quad\displaystyle\int \mathrm{cosec}\,x\cot x\,dx=-\mathrm{cosec}\,x+C$

수능 感 잡기

문제 분석

미분계수의 정의를 이해하고 부정적분을 이용하여 함수를 구하고 정적분의 정의를 이용하여 정적분의 값을 구하는 문제이다.

+α 개념

[미적분] 적분	+	[수학Ⅱ] 미분계수	+	[수학Ⅱ] 정적분

• **[수학Ⅱ] 미분계수**
$$
\begin{aligned}
f'(a) &= \lim_{h\to 0}\frac{f(a+h)-f(a)}{h} \\
&= \lim_{x\to a}\frac{f(x)-f(a)}{x-a}
\end{aligned}
$$

• **[수학Ⅱ] 정적분**
$$\int_a^b f(x)\,dx=\Big[F(x)\Big]_a^b=F(b)-F(a)$$

해결전략 ① 미분계수의 정의를 이용하여 $f'(0)$의 값 구하기

$$\lim_{h \to 0} \frac{f(3h)-f(0)}{h} = 3\lim_{h \to 0} \frac{f(0+3h)-f(0)}{3h}$$
$$= 3f'(0) = 6$$

이므로 $f'(0)=2$ ...... ㉠

해결전략 ② 부정적분을 이용하여 함수 $f(x)$ 구하기

한편, $f(x)$는 ae^x+2^x의 한 부정적분이므로

$$f(x) = \int (ae^x + 2^x)dx$$

에서 양변을 x에 대하여 미분하면

$$f'(x) = \frac{d}{dx}\int(ae^x+2^x)dx = ae^x+2^x$$

㉠에서 $a+1=2$, 즉 $a=1$

$$f(x) = \int(e^x+2^x)dx = e^x + \frac{2^x}{\ln 2} + C \text{ (단, } C\text{는 적분상수)}$$

$f(0) = \dfrac{1}{\ln 2}$에서

$1 + \dfrac{1}{\ln 2} + C = \dfrac{1}{\ln 2}$이므로 $C=-1$

$f(x) = e^x + \dfrac{2^x}{\ln 2} - 1$이고 $f(1) = e + \dfrac{2}{\ln 2} - 1$

해결전략 ③ 정적분의 값 구하기

$$\int_0^1 f'(x)dx = \left[f(x)\right]_0^1$$
$$= f(1) - f(0)$$
$$= e + \frac{2}{\ln 2} - 1 - \frac{1}{\ln 2}$$
$$= e + \frac{1}{\ln 2} - 1$$

답 ①

여러 함수에 대한 적분에 대한 문제가 주로 출제되며 <수학Ⅱ>에서 다룬 적분과 연계하여 대비하여야 합니다. 적분 대상 함수를 <미적분>에서 다루는 함수를 대상으로 <수학Ⅱ>의 적분의 내용과 연계된 응용 문제가 출제될 수 있습니다.

수능 유형 체크

> ○ 9544-0071

함수 $f(x)$에 대하여

$$\int_0^x (x-t)f(t)dt - x^2 = \ln x^3$$

일 때, $f(2)$의 값은?

① $\dfrac{1}{4}$ ② $\dfrac{1}{2}$ ③ $\dfrac{3}{4}$

④ 1 ⑤ $\dfrac{5}{4}$

문항 속 개념

[미적분] 미분법 **+** [수학Ⅱ] 적분

15-1
◎ 9544-0072

함수 $f(x)$에 대하여

$$f'(x) = \cos 2x, \ f(0) = \frac{1}{2}$$

일 때, $f\left(\dfrac{\pi}{12}\right)$의 값은?

① $\dfrac{5}{8}$ 　　② $\dfrac{3}{4}$ 　　③ $\dfrac{7}{8}$

④ 1 　　⑤ $\dfrac{9}{8}$

15-2
◎ 9544-0073

정적분 $\displaystyle\int_{-\frac{\pi}{4}}^{\frac{\pi}{4}} \{x^2 \tan x + (2+x^3) \cos x\} dx$의 값은?

① 1 　　② $\sqrt{2}$ 　　③ $\sqrt{3}$

④ 2 　　⑤ $2\sqrt{2}$

15-3

◎ 9544-0074

함수 $f(x)=\dfrac{3x-7}{(x-3)(x-1)}$ 에 대하여

$\displaystyle\int_1^4 f(x+1)dx$의 값은?

① $\ln 26$ ② $\ln 28$ ③ $\ln 30$

④ $\ln 32$ ⑤ $\ln 34$

15-4

◎ 9544-0075

$0<x<\pi$에서 정의된 함수 $f(x)$가

$$f(x)\cos x+f'(x)\sin x=\frac{1}{\sqrt{x}}-\frac{2}{x}$$

를 만족시킨다. $f(1)=\dfrac{2}{\sin 1}$일 때, 함수 $f\left(\dfrac{\pi}{6}\right)$의

값은?

① $2\left(\sqrt{\dfrac{\pi}{6}}-\ln\dfrac{\pi}{6}\right)$ ② $2\left(\sqrt{\dfrac{\pi}{3}}-\ln\dfrac{\pi}{3}\right)$

③ $2\left(\sqrt{\dfrac{\pi}{6}}-\ln\dfrac{\pi}{3}\right)$ ④ $4\left(\sqrt{\dfrac{\pi}{6}}-\ln\dfrac{\pi}{6}\right)$

⑤ $4\left(\sqrt{\dfrac{\pi}{3}}-\ln\dfrac{\pi}{3}\right)$

16 치환적분법

$\int_0^1 2xe^{x^2}\,dx$의 값은?

① $\dfrac{e-1}{2}$ ② $\dfrac{e}{2}$ ③ $e-1$

④ $\dfrac{e+1}{2}$ ⑤ $e+1$

풀이

$x^2=t$로 놓으면 $\dfrac{dt}{dx}=2x$이고

$x=0$일 때 $t=0$, $x=1$일 때 $t=1$이므로

$$\int_0^1 2xe^{x^2}\,dx=\int_0^1 e^t\,dt$$
$$=\Big[\,e^t\,\Big]_0^1$$
$$=e-1$$

답 ③

자연수 n에 대하여 $a_n=\displaystyle\int_1^e \dfrac{(\ln x)^n}{x}\,dx$라 할 때,

$\displaystyle\sum_{n=1}^{\infty} a_n a_{n+1}$의 값은?

① $\dfrac{1}{2}$ ② 1 ③ $\dfrac{3}{2}$

④ 2 ⑤ $\dfrac{5}{2}$

수능 感 잡기

문제 분석

정적분으로 정의된 수열에 대하여 정적분의 치환적분법을 이용하여 일반항을 찾고, 부분합의 극한으로 급수의 합을 구하는 문제이다.

+α 개념

| [미적분] 치환적분법 | + | [미적분] 로그함수의 도함수 | + | [수학Ⅱ] 급수 |

• **[미적분] 로그함수의 도함수**

(1) $y=\ln x\ (x>0)$이면 $y'=\dfrac{1}{x}$

(2) $y=\log_a x\ (x>0,\ a>0,\ a\neq1)$이면 $y'=\dfrac{1}{x\ln a}$

• **[수학Ⅱ] 급수의 수렴**

급수 $\displaystyle\sum_{n=1}^{\infty} a_n$의 부분합으로 이루어진 수열 $\{S_n\}$이 n이 한없이 커짐에 따라 일정한 수 S에 수렴할 때, 즉 $\displaystyle\lim_{n\to\infty} S_n=\lim_{n\to\infty}\sum_{k=1}^{n} a_k=S$이면 급수 $\displaystyle\sum_{n=1}^{\infty} a_n$은 S에 수렴한다고 한다.

개념 必 잡기

• **치환적분법**

(1) 미분가능한 함수 $g(t)$에 대하여 $x=g(t)$로 놓으면

$$\int f(x)dx=\int f(g(t))g'(t)dt$$

(2) $\displaystyle\int \dfrac{f'(x)}{f(x)}\,dx=\ln|f(x)|+C$ (단, C는 적분상수)

(3) 닫힌 구간 $[a,\,b]$에서 연속인 함수 $f(x)$에 대하여 미분가능한 함수 $x=g(t)$의 도함수 $g'(t)$가 닫힌 구간 $[\alpha,\,\beta]$에서 연속이고, $a=g(\alpha)$, $b=g(\beta)$이면

$$\int_a^b f(x)dx=\int_\alpha^\beta f(g(t))g'(t)dt$$

풀이

해결전략 ❶ $\ln x = t$로 놓고 주어진 식을 t에 대한 정적분으로 바꾸어 a_n을 n에 대한 식으로 나타내기

$\ln x = t$로 놓으면 $\dfrac{dt}{dx} = \dfrac{1}{x}$이고

$x=1$일 때 $t=0$, $x=e$일 때 $t=1$이므로

$$a_n = \int_1^e \frac{(\ln x)^n}{x} dx$$

$$= \int_0^1 t^n \, dt$$

$$= \left[\frac{1}{n+1} t^{n+1} \right]_0^1 = \frac{1}{n+1}$$

해결전략 ❷ $\displaystyle\sum_{n=1}^{\infty} a_n a_{n+1}$의 부분합 구하기

$a_n = \dfrac{1}{n+1}$이므로

$$a_n a_{n+1} = \frac{1}{(n+1)(n+2)} = \frac{1}{n+1} - \frac{1}{n+2}$$

$\displaystyle\sum_{n=1}^{\infty} a_n a_{n+1}$의 제 n항까지의 부분합 S_n은

$$S_n = \left(\frac{1}{2} - \frac{1}{3} \right) + \left(\frac{1}{3} - \frac{1}{4} \right) + \left(\frac{1}{4} - \frac{1}{5} \right)$$
$$+ \cdots + \left(\frac{1}{n+1} - \frac{1}{n+2} \right)$$

$$= \frac{1}{2} - \frac{1}{n+2}$$

해결전략 ❸ $\displaystyle\sum_{n=1}^{\infty} a_n a_{n+1}$의 값 구하기

$$\sum_{n=1}^{\infty} a_n a_{n+1} = \lim_{n \to \infty} S_n$$

$$= \lim_{n \to \infty} \left(\frac{1}{2} - \frac{1}{n+2} \right) = \frac{1}{2}$$

답 ①

 수능感 쌤의 수능 대비 한 마디!!

합성함수의 미분법, 지수함수와 로그함수의 부정적분을 바탕으로 정적분의 치환적분법을 적용하는 문제는 출제빈도가 아주 높습니다. 치환적분을 할 때에는 적분 구간과 적분 변수를 정확하게 바꾸는 것이 중요하므로 많은 연습이 필요합니다.

수능 유형 체크

○ 9544-0076

함수 $f(x) = \dfrac{\sqrt{\ln x}}{x}$에 대하여

$$\int_e^{e^2} f(x)dx - \int_{e^4}^{e^2} f(x)dx$$

의 값은?

① $\dfrac{13}{3}$ ② $\dfrac{14}{3}$ ③ 5

④ $\dfrac{16}{3}$ ⑤ $\dfrac{17}{3}$

문항 속 개념

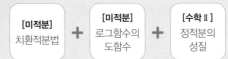

| [미적분] 치환적분법 | + | [미적분] 로그함수의 도함수 | + | [수학Ⅱ] 정적분의 성질 |

16-1

▶ 9544-0077

$\int_3^6 \dfrac{x-1}{\sqrt{x-2}}\, dx$의 값은?

① $\dfrac{17}{3}$

② 6

③ $\dfrac{19}{3}$

④ $\dfrac{20}{3}$

⑤ 7

16-2

▶ 9544-0078

$\int_0^{\frac{\pi}{4}} \cos^2 2x \sin 2x\, dx$의 값은?

① $\dfrac{1}{8}$

② $\dfrac{1}{7}$

③ $\dfrac{1}{6}$

④ $\dfrac{1}{5}$

⑤ $\dfrac{1}{4}$

16-3

○ 9544-0079

자연수 n에 대하여 $a_n = \displaystyle\int_0^{\frac{\pi}{4}} \tan^{2n} x \, dx$일 때,

$a_9 + a_{10} = \dfrac{q}{p}$ 이다. $p+q$의 값을 구하시오. (단, p, q
는 서로소인 자연수이다.)

16-4

○ 9544-0080

양의 실수 전체의 집합에서 정의된 함수

$f(x) = \displaystyle\int_e^x \frac{(\ln t)^3}{t} \, dt$는 $x=a$에서 극솟값 b를 갖는

다. 두 상수 a, b에 대하여 $a+b$의 값은?

① $\dfrac{1}{2}$ ② $\dfrac{3}{4}$ ③ 1

④ $\dfrac{5}{4}$ ⑤ $\dfrac{3}{2}$

17 부분적분법

$\int_0^1 xe^{2x}\,dx$의 값은?

① $\dfrac{1}{4}(e^2-1)$ ② $\dfrac{1}{4}(e^2+1)$ ③ $\dfrac{1}{4}(e^2+2)$

④ $\dfrac{1}{2}(e^2-1)$ ⑤ $\dfrac{1}{2}(e^2+1)$

풀이

$\int_0^1 xe^{2x}\,dx$에서

$f(x)=x$, $g'(x)=e^{2x}$으로 놓으면

$f'(x)=1$, $g(x)=\dfrac{1}{2}e^{2x}$이므로

$\int_0^1 xe^{2x}\,dx=\left[\dfrac{1}{2}xe^{2x}\right]_0^1-\int_0^1 \dfrac{1}{2}e^{2x}\,dx$

$=\dfrac{1}{2}e^2-\left[\dfrac{1}{4}e^{2x}\right]_0^1$

$=\dfrac{1}{2}e^2-\left(\dfrac{1}{4}e^2-\dfrac{1}{4}\right)$

$=\dfrac{1}{4}(e^2+1)$

답 ②

개념 必 잡기

• 부분적분법

(1) 두 함수 $f(x)$, $g(x)$가 미분가능할 때

$$\int f(x)g'(x)\,dx=f(x)g(x)-\int f'(x)g(x)\,dx$$

(2) 두 함수 $f(x)$, $g(x)$가 미분가능하고, $f'(x)$, $g'(x)$가 닫힌 구간 $[a, b]$에서 연속일 때

$$\int_a^b f(x)g'(x)\,dx=\left[f(x)g(x)\right]_a^b-\int_a^b f'(x)g(x)\,dx$$

[참고]

피적분함수가 두 함수의 곱으로 이루어질 때, 적분하기 어려운 함수 또는 미분하면 간단해지는 함수를 $f(x)$로 택하고, 상대적으로 적분하기 쉬운 함수를 $g'(x)$로 택하면 편리하다.

	로그함수	다항함수	삼각함수	지수함수	
$f(x)$ ←	$\ln x$	$x,\ x^2$	$\sin x,\ \cos x$	e^x	→ $g'(x)$

미분가능한 함수 $y=f(x)$의 그래프가 원점에 대하여 대칭이고, $f'(x)$는 연속함수이다. $f(1)=2$일 때,

$$\int_{-1}^1 (3-x)f'(x)\,dx$$의 값은?

① 6 ② 8 ③ 10

④ 12 ⑤ 14

수능 感 잡기

문제 분석

그래프의 대칭성에 대한 이해를 바탕으로 정적분의 부분적분법을 이용하여 정적분의 값을 구하는 문제이다.

+α 개념

[미적분] 부분적분법	**+**	[수학Ⅱ] 정적분의 성질	**+**	[수학Ⅱ] 그래프의 대칭성과 정적분

• [수학Ⅱ] 정적분의 성질

(1) 두 함수 $f(x)$, $g(x)$가 닫힌 구간 $[a, b]$에서 연속일 때

① $\int_a^b kf(x)\,dx=k\int_a^b f(x)\,dx$ (단, k는 상수)

② $\int_a^b \{f(x)+g(x)\}\,dx=\int_a^b f(x)\,dx+\int_a^b g(x)\,dx$

③ $\int_a^b \{f(x)-g(x)\}\,dx=\int_a^b f(x)\,dx-\int_a^b g(x)\,dx$

(2) 함수 $f(x)$가 세 실수 a, b, c를 포함하는 구간에서 연속일 때

$$\int_a^b f(x)\,dx=\int_a^c f(x)\,dx+\int_c^b f(x)\,dx$$

• [수학Ⅱ] 그래프의 특성을 이용한 정적분

연속함수 $f(x)$가 모든 실수 x에 대하여

(1) $f(-x)=f(x)$이면 $\int_{-a}^a f(x)\,dx=2\int_0^a f(x)\,dx$

(2) $f(-x)=-f(x)$이면 $\int_{-a}^a f(x)\,dx=0$

(3) $f(x+p)=f(x)$이면 $\int_a^{a+p} f(x)\,dx=\int_{a+p}^{a+2p} f(x)\,dx$

(4) $f(p-x)=f(p+x)$이면 $\int_{p-a}^{p+a} f(x)\,dx=2\int_p^{p+a} f(x)\,dx$

70 EBS 수능 감 잡기 – 미적분

풀이

해결전략 ① 그래프의 원점에 대한 대칭성을 이용하여

$\int_{-1}^{1} f(x)dx=0$임을 확인하기

함수 $y=f(x)$의 그래프가 원점에 대하여 대칭이므로

$f(-x)=-f(x)$이고, $\int_{-1}^{1} f(x)dx=0$이다.

해결전략 ② 정적분의 성질과 부분적분법을 이용하여

$\int_{-1}^{1}(3-x)f'(x)dx$를 $f(1)$로 나타내기

$\int_{-1}^{1}(3-x)f'(x)dx$

$=\int_{-1}^{1} 3f'(x)dx-\int_{-1}^{1} xf'(x)dx$

$=\Big[3f(x)\Big]_{-1}^{1}-\left\{\Big[xf(x)\Big]_{-1}^{1}-\int_{-1}^{1} f(x)dx\right\}$

$=6f(1)$ $\qquad$ ⋯⋯ ㉠

해결전략 ③ $f(1)=2$임을 이용하여 정적분의 값 구하기

$f(1)=2$이므로 ㉠에서

$6f(1)=6\times 2=12$

따라서

$\int_{-1}^{1}(3-x)f'(x)dx=12$

답 ④

 수능感 쌤의 **수능 대비 한 마디!!**

적분하려는 함수가 두 함수의 곱으로 주어질 때,

$\int_{a}^{b} f(x)g'(x)dx=\Big[f(x)g(x)\Big]_{a}^{b}-\int_{a}^{b} f'(x)g(x)dx$

임을 이용하면 편리합니다. 또한, 주어진 함수의 그래프의 대칭성, 주기가 주어진 함수의 성질을 이용하거나 평행이동과 같은 그래프의 성질을 이용하는 문제가 자주 출제되므로 반복학습을 통해 확실히 익혀 두어야 합니다.

수능 유형 체크 ▶ 9544-0081

함수 $f(x)=xe^{|x|}$에 대하여

$\int_{-1}^{1} f'(x)(4-\sin \pi x)dx$의 값은?

① $4e+1$ ② $6e$ ③ $6e+1$

④ $8e$ ⑤ $8e+1$

문항 속 개념

[미적분]
부분적분법

+

[수학Ⅱ]
그래프의 대칭성과
정적분

+

[중1]
절댓값

17-1

○ 9544-0082

$\int_0^\pi x \cos x \, dx$의 값은?

① -2 ② $-\dfrac{7}{4}$ ③ $-\dfrac{3}{2}$

④ $-\dfrac{5}{4}$ ⑤ -1

17-2

○ 9544-0083

$\int_1^{e^2} \dfrac{\ln x}{x^2} \, dx$의 값은?

① $1-\dfrac{5}{e^2}$ ② $1-\dfrac{4}{e^2}$ ③ $1-\dfrac{3}{e^2}$

④ $1-\dfrac{2}{e^2}$ ⑤ $1-\dfrac{1}{e^2}$

17-3

○ 9544-0084

$0<\theta<\dfrac{\pi}{2}$일 때, 함수 $F(\theta)=\displaystyle\int_{0}^{\theta} x\cos\left(x+\dfrac{\pi}{6}\right)dx$ 의 최댓값은?

① $\dfrac{\pi}{6}$

② $\dfrac{\pi}{6}-\dfrac{\sqrt{3}}{2}$

③ $\dfrac{\pi}{6}-\dfrac{1}{2}$

④ $\dfrac{\pi}{3}-\dfrac{\sqrt{3}}{2}$

⑤ $\dfrac{\pi}{6}-\dfrac{1}{2}$

17-4

○ 9544-0085

이계도함수가 연속이고 실수 전체의 집합에서 미분가능한 함수 $f(x)$가 다음 조건을 만족시킨다.

(가) $\displaystyle\lim_{x\to 1}\dfrac{f(x)-2}{x-1}=3$

(나) $\displaystyle\lim_{x\to 2}\dfrac{f(x)+1}{x-2}=4$

$\displaystyle\int_{1}^{2} xf''(x)dx$의 값을 구하시오.

18 급수와 정적분

$\lim\limits_{n\to\infty} \dfrac{1^3+2^3+3^3+\cdots+n^3}{n^4}$ 의 값은?

① $\dfrac{1}{4}$　　　② $\dfrac{1}{2}$　　　③ $\dfrac{3}{4}$

④ 1　　　⑤ $\dfrac{5}{4}$

풀이

$\lim\limits_{n\to\infty} \dfrac{1^3+2^3+3^3+\cdots+n^3}{n^4}$

$=\lim\limits_{n\to\infty} \sum\limits_{k=1}^{n} \dfrac{k^3}{n^4}$

$=\lim\limits_{n\to\infty} \sum\limits_{k=1}^{n} \left(\dfrac{k}{n}\right)^3 \dfrac{1}{n}$

$=\displaystyle\int_0^1 x^3\,dx$

$=\left[\dfrac{x^4}{4}\right]_0^1 = \dfrac{1}{4}$

답 ①

개념 必 잡기

• **급수와 정적분**

함수 $f(x)$가 닫힌 구간 $[a, b]$에서 연속일 때

$$\lim_{n\to\infty} \sum_{k=1}^{n} f\left(a+\frac{b-a}{n}k\right)\cdot\frac{b-a}{n} = \int_a^b f(x)dx$$

[참고]

연속함수 $f(x)$와 상수 a, p에 대하여

(1) $\lim\limits_{n\to\infty} \sum\limits_{k=1}^{n} f\left(\dfrac{k}{n}\right)\cdot\dfrac{1}{n} = \displaystyle\int_0^1 f(x)dx$

(2) $\lim\limits_{n\to\infty} \sum\limits_{k=1}^{n} f\left(\dfrac{pk}{n}\right)\cdot\dfrac{p}{n} = \displaystyle\int_0^p f(x)dx$

(3) $\lim\limits_{n\to\infty} \sum\limits_{k=1}^{n} f\left(a+\dfrac{pk}{n}\right)\cdot\dfrac{p}{n} = \displaystyle\int_a^{a+p} f(x)dx$

$\qquad\qquad = \displaystyle\int_0^p f(a+x)dx$

$\qquad\qquad = p\displaystyle\int_0^1 f(a+px)dx$

$\lim\limits_{n\to\infty} \dfrac{1}{n}\left\{\cos\left(-\dfrac{\pi}{6}+\dfrac{\pi}{3n}\right)+\cos\left(-\dfrac{\pi}{6}+\dfrac{2\pi}{3n}\right)\right.$

$\left.+\cos\left(-\dfrac{\pi}{6}+\dfrac{3\pi}{3n}\right)+\cdots+\cos\left(-\dfrac{\pi}{6}+\dfrac{n\pi}{3n}\right)\right\}$

의 값은?

① $\dfrac{\sqrt{6}}{\pi}$　　　② $\dfrac{\sqrt{7}}{\pi}$　　　③ $\dfrac{2\sqrt{2}}{\pi}$

④ $\dfrac{3}{\pi}$　　　⑤ $\dfrac{\sqrt{10}}{\pi}$

수능 感 잡기

문제 분석

급수와 정적분의 관계를 이해하고 급수를 정적분으로 나타내어 급수의 합을 구할 수 있는지를 묻는 문제이다.

+α 개념

| [미적분] 급수와 정적분 | + | [미적분] 삼각함수의 부정적분 | + | [수학Ⅱ] 그래프의 대칭성과 정적분 |

• **[미적분] 삼각함수의 부정적분** (단, C는 적분상수)

(1) $\displaystyle\int \sin x\,dx = -\cos x + C$

(2) $\displaystyle\int \cos x\,dx = \sin x + C$

(3) $\displaystyle\int \sec^2 x\,dx = \tan x + C$

• **[수학Ⅱ] 그래프의 대칭성과 정적분**

함수 $f(x)$가 닫힌 구간 $[-a, a]$에서 연속일 때, 이 구간의 모든 x에 대하여

(1) $f(-x)=f(x)$이면 $\displaystyle\int_{-a}^{a} f(x)dx = 2\int_0^a f(x)dx$

(2) $f(-x)=-f(x)$이면 $\displaystyle\int_{-a}^{a} f(x)dx = 0$

풀이

해결전략 ❶ 주어진 식을 $\sum$를 이용하여 간단히 나타내기

$$(\text{주어진 식})=\lim_{n\to\infty}\frac{1}{n}\sum_{k=1}^{n}\cos\left(-\frac{\pi}{6}+\frac{k\pi}{3n}\right) \qquad \cdots\cdots \text{㉠}$$

해결전략 ❷ $\varDelta x=\dfrac{\pi}{3n}$, $x_k=-\dfrac{\pi}{6}+k\varDelta x$로 놓고 주어진 식을

정적분으로 나타내기

㉠에서

$$(\text{주어진 식})=\frac{3}{\pi}\lim_{n\to\infty}\sum_{k=1}^{n}\left\{\cos\left(-\frac{\pi}{6}+\frac{k\pi}{3n}\right)\right\}\frac{\pi}{3n}$$

$$=\frac{3}{\pi}\int_{-\frac{\pi}{6}}^{-\frac{\pi}{6}+\frac{\pi}{3}}\cos x\,dx$$

$$=\frac{3}{\pi}\int_{-\frac{\pi}{6}}^{\frac{\pi}{6}}\cos x\,dx$$

해결전략 ❸ 삼각함수의 부정적분을 이용하여 정적분의 값 구하기

$$(\text{주어진 식})=\frac{6}{\pi}\int_{0}^{\frac{\pi}{6}}\cos x\,dx$$

$$=\frac{6}{\pi}\left[\sin x\right]_{0}^{\frac{\pi}{6}}$$

$$=\frac{6}{\pi}\times\frac{1}{2}=\frac{3}{\pi}$$

답 ④

수능感 쌤의 수능 대비 한 마디!!

급수를 정적분으로 바꿀 때에는 적분 구간을 어떻게 설정하는
지, x를 어떤 식에 대응시키는지에 따라 여러 가지로 나타낼 수
있으므로 많은 연습을 통해 확실히 이해해야 합니다.

수능 유형 체크

○ 9544-0086

$$\lim_{n\to\infty}\frac{\pi}{n}\sum_{k=1}^{n}\tan\frac{k\pi}{3n} \text{ 의 값은?}$$

① $\ln 2$ 　　② $\dfrac{3}{2}\ln 2$ 　　③ $2\ln 2$

④ $\dfrac{5}{2}\ln 2$ 　　⑤ $3\ln 2$

문항 속 개념

[미적분]
급수와
정적분

$+$

[미적분]
함수 $\dfrac{f'(x)}{f(x)}$ 의
부정적분

18-1

9544-0087

$\displaystyle\lim_{n\to\infty}\left(\dfrac{1}{n+2}+\dfrac{1}{n+4}+\dfrac{1}{n+6}+\cdots+\dfrac{1}{n+2n}\right)$의 값은?

① $\ln\sqrt{2}$　　　② $\ln\sqrt{3}$　　　③ $\ln 2$

④ $\ln\sqrt{5}$　　　⑤ $\ln\sqrt{6}$

18-2

9544-0088

$\displaystyle\lim_{n\to\infty}\dfrac{\sqrt{1}+\sqrt{2}+\sqrt{3}+\cdots+\sqrt{n}}{n\sqrt{n}}$의 값은?

① $\dfrac{1}{3}$　　　② $\dfrac{2}{3}$　　　③ 1

④ $\dfrac{4}{3}$　　　⑤ $\dfrac{5}{3}$

18-3

9544-0089

$\displaystyle\lim_{n\to\infty}\frac{e^{\frac{1}{n}}+2e^{\frac{2}{n}}+3e^{\frac{3}{n}}+\cdots+ne^{\frac{n}{n}}}{n^2}$ 의 값은?

① 1   ② $\sqrt{e}$ ③ 2

④ e ⑤ $e+1$

18-4

9544-0090

2 이상인 자연수 n에 대하여 곡선 $y=e^{2x}$ 위의 점 $A_k\left(\dfrac{k}{n},\ e^{\frac{2k}{n}}\right)$에서의 접선을 $l_k\ (k=1, 2, 3, \cdots, n)$ 라 하자. 점 A_k를 지나고 직선 l_k에 수직인 직선이 x축과 만나는 점을 P_k라 할 때, $\displaystyle\lim_{n\to\infty}\frac{1}{n}\sum_{k=1}^{n}\overline{OP_k}$의 값은?

(단, O는 원점이다.)

① e^2 ② $2e^2$ ③ $\dfrac{e^4}{4}$

④ $\dfrac{e^4}{2}$ ⑤ e^4

19 넓이와 부피

내신 유형

곡선 $f(x)=\sqrt{\sin 2x}\left(0\le x\le\dfrac{\pi}{2}\right)$와 x축으로 둘러싼인 부분을 밑면으로 하는 입체도형이 있다. 두 점 $\mathrm{P}(x,0)$, $\mathrm{Q}(x,f(x))$를 지나고 x축에 수직인 평면으로 자른 단면은 선분 PQ를 지름으로 하는 반원이다. 이 입체도형의 부피는?

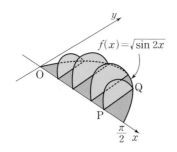

① $\dfrac{\pi}{16}$ ② $\dfrac{\pi}{14}$ ③ $\dfrac{\pi}{12}$

④ $\dfrac{\pi}{10}$ ⑤ $\dfrac{\pi}{8}$

풀이

단면의 넓이를 $S(x)$라 하면

$$S(x)=\frac{1}{2}\pi\left(\frac{1}{2}\sqrt{\sin 2x}\right)^2=\frac{\pi}{8}\sin 2x$$

따라서 구하는 입체도형의 부피는

$$\int_0^{\frac{\pi}{2}}\frac{\pi}{8}\sin 2x\,dx=\frac{\pi}{8}\left[-\frac{1}{2}\cos 2x\right]_0^{\frac{\pi}{2}}=\frac{\pi}{8}\left(\frac{1}{2}+\frac{1}{2}\right)=\frac{\pi}{8}$$

답 ⑤

개념 必 잡기

• **두 곡선 사이의 넓이**

두 함수 $f(x)$, $g(x)$가 닫힌 구간 $[a,b]$에서 연속일 때, 두 곡선 $y=f(x)$, $y=g(x)$ 및 두 직선 $x=a$, $x=b$로 둘러싸인 도형의 넓이 S는

$$S=\int_a^b|f(x)-g(x)|\,dx$$

• **입체도형의 부피**

닫힌 구간 $[a,b]$에서 x좌표가 x인 점을 지나고 x축에 수직인 평면으로 잘랐을 때 단면의 넓이가 $S(x)$인 입체도형의 부피 V는

$$V=\int_a^b S(x)dx$$ (단, 함수 $S(x)$가 닫힌 구간 $[a,b]$에서 연속)

수능 유형

그림과 같이 곡선 $y=\sin\dfrac{\pi}{4}x+k\ (0\le x\le 4)$에 대하여 이 곡선과 x축, y축으로 둘러싸인 부분 A의 넓이를 a, 이 곡선과 x축으로 둘러싸인 부분 B의 넓이를 b라 하자. $a:b=1:2$일 때, 상수 k의 값은? (단, $-1<k<0$)

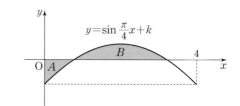

① $-\dfrac{3}{\pi}$ ② $-\dfrac{5}{2\pi}$ ③ $-\dfrac{2}{\pi}$

④ $-\dfrac{3}{2\pi}$ ⑤ $-\dfrac{1}{\pi}$

수능 感 잡기

문제 분석

곡선과 직선으로 둘러싸인 두 영역의 넓이의 비를 이용하여 상수 k의 값을 구하는 문제이다.

+α 개념

| [미적분] 넓이와 부피 | + | [미적분] 삼각함수의 부정적분 | + | [수학Ⅱ] 넓이와 정적분 |

• **[미적분] 곡선과 x축 사이의 넓이**

함수 $f(x)$가 닫힌 구간 $[a,b]$에서 연속일 때, 곡선 $y=f(x)$와 x축 및 두 직선 $x=a$, $x=b$로 둘러싸인 도형의 넓이 S는

$$S=\int_a^b|f(x)|\,dx$$

• **[미적분] 넓이가 같을 조건**

연속함수 $f(x)$, $g(x)$에 대하여 $a\le x\le b$에서 $f(x)\ge g(x)$, $b\le x\le c$에서 $f(x)\le g(x)$이고 두 곡선 $y=f(x)$, $y=g(x)$와 두 직선 $x=a$, $x=c$로 둘러싸인 두 부분의 넓이가 같으면

$$\int_a^c\{f(x)-g(x)\}dx=0$$

풀이

해결전략 ❶ 주어진 삼각함수와 $a : b = 1 : 2$임을 이용하여 두 부분 A, C의 넓이가 같음을 확인하기

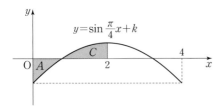

$y = \sin \dfrac{\pi}{4} x + k$의 주기는 $\dfrac{2\pi}{\frac{\pi}{4}} = 8$이고,

$a : b = 1 : 2$에서 $a = \dfrac{1}{2} b$이므로

곡선과 x축 및 직선 $x = 2$로 둘러싸인 부분을 C라 하고, 이 부분의 넓이를 c라 하면

$a = c$

해결전략 ❷ $\displaystyle\int_0^2 \left(\sin \dfrac{\pi}{4} x + k \right) dx = 0$임을 이용하여 상수 k의 값 구하기

$\displaystyle\int_0^2 \left(\sin \dfrac{\pi}{4} x + k \right) dx = 0$이므로

$\left[-\dfrac{4}{\pi} \cos \dfrac{\pi}{4} x + kx \right]_0^2 = (0 + 2k) - \left(-\dfrac{4}{\pi} + 0 \right)$

$\qquad\qquad\qquad = 2k + \dfrac{4}{\pi} = 0$

따라서 $k = -\dfrac{2}{\pi}$

답 ③

수능感 쌤의 수능 대비 한 마디!!

곡선과 직선으로 둘러싸인 두 부분의 넓이가 같거나 넓이의 비가 주어질 때, 상수 k의 값을 구하거나 두 부분의 넓이가 같을 조건을 구하는 문제가 자주 출제되므로 많은 연습이 필요합니다. 주어진 함수의 그래프의 특징을 이해하고 넓이가 같게 되는 점의 x좌표를 찾아 정적분을 하면 쉽게 해결할 수 있습니다.

수능유형 체크 ○ 9544-0091

곡선 $y = \ln x (x > 0)$ 위의 점 $P(e, 1)$에서의 접선을 l, 점 P에서 x축에 내린 수선의 발을 H라 하자. 곡선 $y = \ln x$와 접선 l, x축으로 둘러싸인 도형의 넓이는?

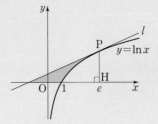

① $\dfrac{e}{2} - 1$ ② $\dfrac{e}{2}$ ③ $\dfrac{e}{2} + 1$

④ $\dfrac{e}{2} + 2$ ⑤ $\dfrac{e}{2} + 3$

문항 속 개념

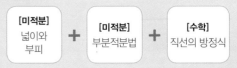

[미적분]
넓이와 부피

$+$

[미적분]
부분적분법

$+$

[수학]
직선의 방정식

19-1

○ 9544-0092

두 곡선 $y=\dfrac{1}{x}$, $y=-\dfrac{2}{x}$와 두 직선 $x=\dfrac{1}{e}$, $x=e^2$으로 둘러싸인 부분의 넓이는?

① 6   ② 7   ③ 8

④ 9   ⑤ 10

19-2

○ 9544-0093

양의 실수 전체의 집합에서 정의된 함수 $f(x)=\dfrac{\ln x}{x}$

에 대하여 점 $(a,\ f(a))$가 곡선 $y=f(x)$의 변곡점이다. 곡선 $y=f(x)$와 x축 및 직선 $x=a$로 둘러싸인 부분의 넓이는?

① $\dfrac{5}{8}$ ② $\dfrac{3}{4}$ ③ $\dfrac{7}{8}$

④ $\dfrac{9}{8}$ ⑤ $\dfrac{5}{4}$

19-3

◎ 9544-0094

좌표평면 위에 놓여 있는 어떤 입체도형을 x축 위의 임의의 점 $P(x, 0)\left(0 \le x \le \dfrac{\pi}{4}\right)$을 지나고 x축에 수직인 평면으로 자른 단면은 이웃하는 두 변의 길이가 2π, $\cos\sqrt{\pi x}$인 직사각형이다. 이 입체도형의 부피가 $a\pi + b$일 때, $a^2 + b^2$의 값을 구하시오.

(단, a, b는 정수이다.)

19-4

◎ 9544-0095

실수 전체의 집합에서 미분가능한 함수 $f(x)$와 연속함수 $f'(x)$가 다음 조건을 만족시킨다.

> (가) 모든 실수 x에 대하여 $f(-x)=-f(x)$이다.
> (나) 열린 구간 $(-2, 2)$에서 $f'(x) \le 0$이고, $f(-2)=12$이다.

곡선 $y=f(x)$와 x축 및 두 직선 $x=-2$, $x=2$로 둘러싸인 두 부분의 넓이의 합이 14일 때, 곡선 $y=xf'(x)$와 x축 및 두 직선 $x=-2$, $x=2$로 둘러싸인 두 부분의 넓이의 합을 구하시오.

20 속도와 거리

좌표평면 위를 움직이는 점 P의 시각 t에서의 위치가

$$x=2t-t^2, \ y=\frac{8}{3}t^{\frac{3}{2}}$$

일 때, $t=1$에서 $t=2$까지 점 P가 움직인 거리를 구하시오.

풀이

$\dfrac{dx}{dt}=2-2t$, $\dfrac{dy}{dt}=4t^{\frac{1}{2}}$이므로

$$\left(\frac{dx}{dt}\right)^2+\left(\frac{dy}{dt}\right)^2=(2-2t)^2+(4t^{\frac{1}{2}})^2$$
$$=(4t^2-8t+4)+16t$$
$$=4t^2+8t+4$$

따라서 $t=1$에서 $t=2$까지 점 P가 움직인 거리 s는

$$s=\int_1^2 \sqrt{\left(\frac{dx}{dt}\right)^2+\left(\frac{dy}{dt}\right)^2}\,dt=\int_1^2 \sqrt{4t^2+8t+4}\,dt$$
$$=\int_1^2 \sqrt{(2t+2)^2}\,dt=\int_1^2 (2t+2)\,dt$$
$$=\Big[t^2+2t\Big]_1^2=8-3=5$$

답 5

개념 必 잡기

- 수직선 위를 움직이는 점 P의 시각 t에서의 속도를 $v(t)$, 시각 t_0 에서의 위치가 x_0일 때, 시각 t에서의 점 P의 위치 x와 시각 $t=a$ 에서 $t=b$까지 점 P가 움직인 거리 s는

$$x=x_0+\int_{t_0}^t v(t)\,dt, \ s=\int_a^b |v(t)|\,dt$$

- 좌표평면 위를 움직이는 점 P의 시각 t에서의 위치가 $x=f(t)$, $y=g(t)$일 때, 시각 $t=a$에서 $t=b$까지 점 P가 움직인 거리 s는

$$s=\int_a^b \sqrt{\left(\frac{dx}{dt}\right)^2+\left(\frac{dy}{dt}\right)^2}\,dt$$
$$=\int_a^b \sqrt{\{f'(t)\}^2+\{g'(t)\}^2}\,dt$$

좌표평면 위를 움직이는 점 P의 시각 t에서의 위치가

$$x=a\cos^3 t, \ y=a\sin^3 t$$

일 때, $t=0$에서 $t=\dfrac{\pi}{2}$까지 점 P가 움직인 거리는 3이다.

양수 a의 값을 구하시오.

수능 感 잡기

문제 분석

좌표평면 위의 점의 위치에서 움직인 거리를 이용하여 위치를 나타내는 식의 상수를 구하는 문제이다.

+α 개념

[미적분] 미분 **+** [미적분] 치환적분 **+** [수학Ⅰ] 삼각함수

- **[수학Ⅰ] 삼각함수의 성질**

$$\tan \theta=\frac{\sin \theta}{\cos \theta}$$
$$\sin^2 \theta+\cos^2 \theta=1$$

풀이

해결전략 ❶ 미분을 이용하여 속도 구하기

$x=a\cos^3 t$에서

$\dfrac{dx}{dt}=3a\cos^2 t(-\sin t)=-3a\cos^2 t\sin t$

$y=a\sin^3 t$에서

$\dfrac{dy}{dt}=3a\sin^2 t\cos t$

점 P의 시각 t에서의 속도는

$(-3a\cos^2 t\sin t,\ 3a\sin^2 t\cos t)$

해결전략 ❷ $\left(\dfrac{dx}{dt}\right)^2+\left(\dfrac{dy}{dt}\right)^2$ 구하기

$\sqrt{\left(\dfrac{dx}{dt}\right)^2+\left(\dfrac{dy}{dt}\right)^2}$

$=\sqrt{9a^2\cos^4 t\sin^2 t+9a^2\sin^4 t\cos^2 t}$

$=\sqrt{9a^2\sin^2 t\cos^2 t(\cos^2 t+\sin^2 t)}$

$=\sqrt{9a^2\sin^2 t\cos^2 t}$

$=3a\sin t\cos t$

해결전략 ❸ 적분을 이용하여 상수 a의 값 구하기

$t=0$에서 $t=\dfrac{\pi}{2}$까지 점 P가 움직인 거리를 s라 하면

$s=\displaystyle\int_0^{\frac{\pi}{2}} 3a\sin t\cos t\,dt$

$\sin t=u$로 치환하면 $\dfrac{du}{dt}=\cos t$

$t=0$일 때 $u=0$, $t=\dfrac{\pi}{2}$일 때 $u=1$이므로

$s=\displaystyle\int_0^1 3au\,du=3a\left[\dfrac{1}{2}u^2\right]_0^1=\dfrac{3}{2}a$

$\dfrac{3}{2}a=3$에서 $a=2$

답 2

수능 感 쌤의 수능 대비 한 마디!!

위치에 대한 함수가 주어지고 속도, 속력과 가속도, 가속도의 크기에 대한 문제가 주로 출제되며 〈미적분〉의 치환적분, 부분적분에서 다룬 적분과 연계하여 대비하여야 합니다.

수능 유형 체크

○ 9544-0096

곡선 $y=f(x)$ 위를 움직이는 점 P의 시각 t에서의 위치 (x,y)는

$$x=r(\cos t+t\sin t),\ y=r(\sin t-t\cos t)$$

이다. $0\le t\le 2$일 때의 곡선의 길이가 10일 때, 양수 r의 값은?

① $\dfrac{7}{2}$ 　　② 4 　　③ $\dfrac{9}{2}$

④ 5 　　⑤ $\dfrac{11}{2}$

문항 속 개념

| [미적분] 미분법 | + | [수학] 지수법칙 |

20-1

▶ 9544-0097

수직선 위를 움직이는 점 A가 있다. A는 출발 후 2분까지는 t분 후의 속도가 $3t^2+4t\,(\text{m}/\text{분})$이고 2분 이후에는 2분일 때의 속도로 움직인다고 한다. A가 출발후 10분 동안 움직인 거리는?

① 172   ② 174   ③ 176

④ 178   ⑤ 180

20-2

▶ 9544-0098

곡선 $y=\ln(1-x^2)\left(0\le x\le \dfrac{2}{3}\right)$의 길이는?

① $\ln 2-\dfrac{2}{3}$ ② $\ln 2-\dfrac{1}{3}$

③ $\ln 5-\dfrac{2}{3}$ ④ $\ln 5-\dfrac{1}{3}$

⑤ $\ln 5$

20-3

◐ 9544-0099

수직선 위를 움직이는 점 P의 시각 t에서의 속도 $v(t)$에 대하여 $v(4-t)=v(4+t)$이고, 그래프의 일부가 다음 그림과 같다.

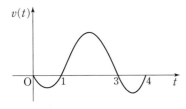

$x(a)=\displaystyle\int_0^a v(t)dt$라 할 때,

$$x(1)=-1,\ x(3)=15,\ x(4)=9$$

를 만족시킨다. 〈보기〉에서 옳은 것만을 있는 대로 고른 것은?

┤ 보기 ├

ㄱ. $1<t<3$일 때, 원점을 지난다.

ㄴ. $\displaystyle\int_1^4 v(t)dt=16$

ㄷ. 점 P가 $t=4$에서 $t=7$까지 실제로 움직인 거리는 20이다.

① ㄱ   ② ㄷ   ③ ㄱ, ㄷ

④ ㄴ, ㄷ   ⑤ ㄱ, ㄴ, ㄷ

20-4

◐ 9544-0100

좌표평면 위를 움직이는 점 P가 점 $(0, 101)$에서 출발하여 제1사분면에서 곡선 $y=\dfrac{e^x+e^{-x}}{2}+100$을 따라 한 방향으로 매초 2의 속력으로 움직일 때, 4초 후의 점 P의 x좌표는?

① $\ln(8+\sqrt{65})$ ② $\ln(8+\sqrt{66})$

③ $\ln(8+\sqrt{67})$ ④ $\ln(15+\sqrt{65})$

⑤ $\ln(15+\sqrt{66})$

memo

memo

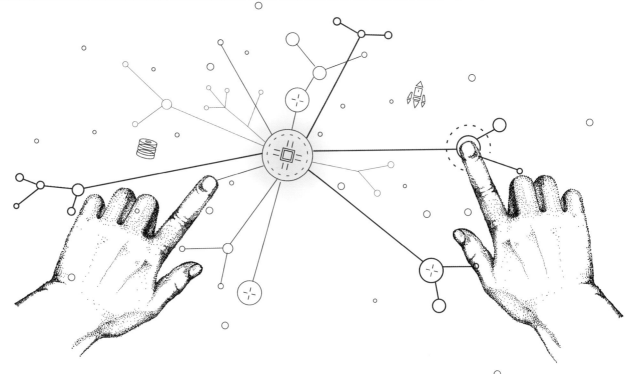

한국사, 사회, 과학의 최강자가 탄생했다!

「개념완성, 개념완성 문항편」

완벽한 이해를 위한 **꼼꼼하고 체계적인** 내용 정리

내신 대비 최적화된 교과서 **핵심 분석**

내신/수능 적중률을 높이기 위한 **최신 시험 경향 분석**

개념완성

한국사영역
필수 한국사 / 자료와 연표로 흐름을 읽는 한국사

사회탐구영역
통합사회 / 생활과 윤리 / 윤리와 사상 /
한국지리 / 세계지리 / 사회·문화 /
정치와 법 / 동아시아사

과학탐구영역
통합과학 / 물리학 I / 화학 I /
생명과학 I / 지구과학 I / 물리학 II /
화학 II / 생명과학 II / 지구과학 II

개념완성 문항편

사회탐구영역
통합사회

과학탐구영역
통합과학 / 물리학 I / 화학 I /
생명과학 I / 지구과학 I

올림포스

[국어, 영어, 수학의 EBS 대표 교재, 올림포스]

2015 개정 교육과정에 따른 모든 교과서의 기본 개념 정리
내신과 수능을 대비하는 다양한 평가 문항
수행평가 대비 코너 제공

국어, 영어, 수학은 EBS 올림포스로 끝낸다.

[올림포스 16책]

국어 영역 : 국어, 현대문학, 고전문학, 독서, 언어와 매체, 화법과 작문
영어 영역 : 독해의 기본1, 독해의 기본2, 구문 연습 300
수학 영역 : 수학(상), 수학(하), 수학Ⅰ, 수학Ⅱ, 미적분, 확률과 통계, 기하

EBS

수능 감感 잡기

정답과 풀이

수학영역
미적분

상위권의, 상위권에 의한, 상위권을 위한 교재

올림포스 고난도

[진짜 상위권이 되려면 이 정도는 풀어야 한다]

등급을 가르는 고난도 문항
내신 기출 문항을 토대로 실전 대비용 고난도 문항
문항을 입체적으로 이해할 수 있는 명쾌한 해설

[올림포스 고난도 5책]

수학 · 수학 I · 수학 II · 미적분 · 확률과 통계

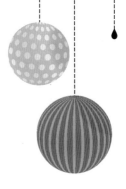

정답과 풀이

01 수열의 극한값의 계산과 극한의 성질

수능 유형 체크

본문 7쪽

직선 $3x+4y+p=0$과 원 $x^2+y^2=n^2$이 서로 다른 두 점에서 만나려면 원의 중심인 원점과 직선 $3x+4y+p=0$ 사이의 거리가 원의 반지름의 길이인 n보다 작아야 하므로

$$\frac{|p|}{\sqrt{3^2+4^2}}<n$$

$$|p|<5n$$

즉, $-5n<p<5n$이므로

$$a_n=10n-1$$

따라서

$$\lim_{n\to\infty}\frac{a_n}{4n-1}=\lim_{n\to\infty}\frac{10n-1}{4n-1}$$

$$=\lim_{n\to\infty}\frac{10-\frac{1}{n}}{4-\frac{1}{n}}$$

$$=\frac{5}{2}$$

답 ②

수능의 감을 쑥쑥 키워주는 수능 유제

본문 8~9쪽

01-1	③	01-2	④	01-3	④	01-4	⑤

01-1

$$\lim_{n\to\infty}\frac{a_nb_n}{2n^3-3}=\lim_{n\to\infty}\frac{\dfrac{a_n}{n+1}\times\dfrac{b_n}{n^2+1}}{\dfrac{2n^3-3}{(n+1)(n^2+1)}}$$

$$=\lim_{n\to\infty}\frac{\dfrac{a_n}{n+1}\times\dfrac{b_n}{n^2+1}}{\dfrac{2-\dfrac{3}{n^3}}{\left(1+\dfrac{1}{n}\right)\left(1+\dfrac{1}{n^2}\right)}}$$

$$=\frac{2\times6}{2}=6$$

답 ③

01-2

$$\lim_{n\to\infty}\frac{1+2nf(a)}{3n-1}=\lim_{n\to\infty}\frac{\dfrac{1}{n}+2f(a)}{3-\dfrac{1}{n}}$$

$$=\frac{2}{3}f(a)=1$$

에서 $f(a)=\dfrac{3}{2}$

이때 함수 $y=f(x)$의 그래프와 직선 $y=\dfrac{3}{2}$은 서로 다른 네 점에서 만나므로 조건을 만족시키는 상수 a의 개수는 4이다.

답 ④

01-3

점 P_n의 x좌표를 p_n이라 하고, 점 Q_n의 y좌표를 q_n이라 하자.

직선 l의 기울기가 n^2+1이고 y절편이 q_n이므로 직선 l의 방정식은

$$y=(n^2+1)x+q_n \qquad\qquad \cdots\cdots \text{㉠}$$

이고, 직선 l이 곡선 $y=-\dfrac{1}{x}$과 제2사분면 위의 한 점에서만 만나므로

$$(n^2+1)x+q_n=-\frac{1}{x}$$

즉, $(n^2+1)x^2+q_nx+1=0$

이 이차방정식의 판별식을 D라 하면

$D=q_n^2-4(n^2+1)=0$에서 $q_n>0$이므로

$$q_n=2\sqrt{n^2+1} \qquad\qquad \cdots\cdots \text{㉡}$$

㉡을 ㉠에 대입하면 직선 l의 방정식은

$$y=(n^2+1)x+2\sqrt{n^2+1} \qquad\qquad \cdots\cdots \text{㉢}$$

직선 l의 x절편이 p_n이므로

㉢에 $y=0$을 대입하면

$$x=-\frac{2}{\sqrt{n^2+1}}$$

에서

$$p_n=-\frac{2}{\sqrt{n^2+1}}$$

따라서

$$a_n=p_n^2+q_n^2$$

$$=\frac{4}{n^2+1}+4(n^2+1)$$

$$=\frac{4n^4+8n^2+8}{n^2+1}$$

이므로

$$\lim_{n\to\infty}\frac{a_n}{n^2}=\lim_{n\to\infty}\frac{4n^4+8n^2+8}{n^4+n^2}$$

$$=\lim_{n\to\infty}\frac{4+\dfrac{8}{n^2}+\dfrac{8}{n^4}}{1+\dfrac{1}{n^2}}$$

$$=4$$

답 ④

01-4

$4n+1<a_n<4n+3$에서

$\dfrac{4n+1}{n}<\dfrac{a_n}{n}<\dfrac{4n+3}{n}$이고

$\lim\limits_{n\to\infty}\dfrac{4n+1}{n}=\lim\limits_{n\to\infty}\dfrac{4n+3}{n}=4$이므로

$\lim\limits_{n\to\infty}\dfrac{a_n}{n}=4$ ...... ㉠

$n^2+1<b_n<n^2+4$에서

$\dfrac{n^2+1}{n^2}<\dfrac{b_n}{n^2}<\dfrac{n^2+4}{n^2}$이고

$\lim\limits_{n\to\infty}\dfrac{n^2+1}{n^2}=\lim\limits_{n\to\infty}\dfrac{n^2+4}{n^2}=1$이므로

$\lim\limits_{n\to\infty}\dfrac{b_n}{n^2}=1$ ...... ㉡

따라서 ㉠, ㉡에 의하여

$$\lim_{n\to\infty}\frac{na_n+b_n}{na_n-b_n}=\lim_{n\to\infty}\frac{\dfrac{a_n}{n}+\dfrac{b_n}{n^2}}{\dfrac{a_n}{n}-\dfrac{b_n}{n^2}}$$

$$=\frac{4+1}{4-1}=\frac{5}{3}$$

답 ⑤

|다른 풀이

$4n+1<a_n<4n+3$, $n^2+1<b_n<n^2+4$에서

$4n^2+n<na_n<4n^2+3n$이므로

$\dfrac{4n^2+n}{n^2+4}<\dfrac{na_n}{b_n}<\dfrac{4n^2+3n}{n^2+1}$

이때 $\lim\limits_{n\to\infty}\dfrac{4n^2+n}{n^2+4}=\lim\limits_{n\to\infty}\dfrac{4n^2+3n}{n^2+1}=4$이므로

$\lim\limits_{n\to\infty}\dfrac{na_n}{b_n}=4$

따라서

$$\lim_{n\to\infty}\frac{na_n+b_n}{na_n-b_n}=\lim_{n\to\infty}\frac{\dfrac{na_n}{b_n}+1}{\dfrac{na_n}{b_n}-1}$$

$$=\frac{4+1}{4-1}=\frac{5}{3}$$

02 등비수열의 극한

3^n 이하의 모든 자연수의 합은

$1+2+3+\cdots+3^n=\dfrac{3^n(3^n+1)}{2}$

$\qquad\qquad=\dfrac{3^{2n}+3^n}{2}$ ...... ㉠

3^n 이하의 자연수 중에서 3의 배수인 모든 자연수의 합은

$3+6+9+\cdots+3^n=3(1+2+3+\cdots+3^{n-1})$

$\qquad\qquad=3\times\dfrac{3^{n-1}(3^{n-1}+1)}{2}$

$\qquad\qquad=\dfrac{3^{2n-1}+3^n}{2}$ ...... ㉡

㉠, ㉡에 의하여 3^n 이하의 자연수 중에서 3과 서로소인 모든 자연수의 합 a_n은

$a_n=\dfrac{3^{2n}+3^n}{2}-\dfrac{3^{2n-1}+3^n}{2}$

$\quad=\dfrac{3^{2n}-3^{2n-1}}{2}$

$\quad=\dfrac{3^{2n-1}(3-1)}{2}$

$\quad=3^{2n-1}$

이고

$S_n=\dfrac{3(9^n-1)}{9-1}=\dfrac{3^{2n+1}-3}{8}$

따라서

$$\lim_{n\to\infty}\frac{a_n}{S_n}=\lim_{n\to\infty}\frac{8\times 3^{2n-1}}{3^{2n+1}-3}$$

$$=\lim_{n\to\infty}\frac{8}{9-\dfrac{3}{3^{2n-1}}}=\frac{8}{9}$$

답 ⑤

02-1

수열 $\left\{\left(\dfrac{3-x}{a}\right)^n\right\}$은 공비가 $\dfrac{3-x}{a}$인 등비수열이므로 수렴하려면

$$-1<\frac{3-x}{a}\le 1$$

이어야 한다.

a가 자연수이므로

$$-a<3-x\le a,$$
$$-a\le x-3<a$$
$$-a+3\le x<a+3$$

을 만족시키는 정수 x의 개수는

$$(a+3)-(-a+3)=2a$$

이때 $2a=8$이므로

$$a=4$$

답 ④

02-2

$$x+3y=2^n \qquad\qquad \cdots\cdots ㉠$$
$$3x-2y=4^n \qquad\qquad \cdots\cdots ㉡$$

㉠$\times 3-$㉡에서

$$11y=3\times 2^n-4^n,\ y=\frac{3\times 2^n-4^n}{11} \qquad \cdots\cdots ㉢$$

㉢을 ㉠에 대입하면

$$x+\frac{9\times 2^n-3\times 4^n}{11}=2^n,\ x=\frac{2^{n+1}+3\times 4^n}{11}$$

즉, 두 직선의 교점의 좌표가

$$\left(\frac{2^{n+1}+3\times 4^n}{11},\ \frac{3\times 2^n-4^n}{11}\right)$$

이므로

$$a_n=\frac{2^{n+1}+3\times 4^n}{11},\ b_n=\frac{3\times 2^n-4^n}{11}$$

따라서

$$\lim_{n\to\infty}\frac{b_n}{a_n}=\lim_{n\to\infty}\frac{3\times 2^n-4^n}{2^{n+1}+3\times 4^n}$$

$$=\lim_{n\to\infty}\frac{3\times\left(\frac{1}{2}\right)^n-1}{2\times\left(\frac{1}{2}\right)^n+3}$$

$$=-\frac{1}{3}$$

답 ②

02-3

$$\lim_{n\to\infty}\frac{a\times 2^{2n+1}}{b\times 2^{2n}+3^{n+1}}=\lim_{n\to\infty}\frac{2a\times 4^n}{b\times 4^n+3\times 3^n}$$

$$=\lim_{n\to\infty}\frac{2a}{b+3\left(\frac{3}{4}\right)^n}$$

$$=\frac{2a}{b}=6$$

에서 $a-3b=0$ $\qquad\qquad\cdots\cdots ㉠$

$\lim\limits_{n\to\infty}a_n=6$이므로

$$\lim_{n\to\infty}\left(\frac{1}{a_n}+\frac{3}{2a}\right)$$

$$=\frac{1}{6}+\frac{3}{2a}=\frac{1}{4}$$

에서 $a=18$

㉠에서 $b=\dfrac{a}{3}=6$

따라서 $a+b=24$

답 ①

02-4

다음 그림과 같이 삼각형 AOP_n과 내접원의 접점을 각각 B_n, C_n, D_n이라 하고, 내접원의 중심을 Q_n이라 하자.

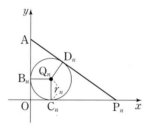

사각형 $B_nOC_nQ_n$은 한 변의 길이가 r_n인 정사각형이므로

$$\overline{AB_n}=2-r_n,\ \overline{C_nP_n}=3^n-r_n$$

이때 $\overline{AB_n}=\overline{AD_n}$, $\overline{C_nP_n}=\overline{D_nP_n}$이므로

$$\overline{AP_n}=\overline{AD_n}+\overline{D_nP_n}$$
$$=\overline{AB_n}+\overline{C_nP_n}$$
$$=(2-r_n)+(3^n-r_n)$$
$$=3^n+2-2r_n \qquad\qquad\cdots\cdots ㉠$$

한편, 삼각형 AOP_n은 $\angle AOP_n$이 직각인 직각삼각형이므로

$$\overline{AP_n}=\sqrt{\overline{OP_n}^2+\overline{AO}^2}=\sqrt{3^{2n}+4} \qquad\cdots\cdots ㉡$$

㉠, ㉡에서

$$r_n=\frac{3^n+2-\sqrt{3^{2n}+4}}{2}$$

따라서

$$\lim_{n\to\infty} r_n = \lim_{n\to\infty} \frac{3^n + 2 - \sqrt{3^{2n}+4}}{2}$$

$$= \lim_{n\to\infty} \frac{(3^n+2-\sqrt{3^{2n}+4})(3^n+2+\sqrt{3^{2n}+4})}{2(3^n+2+\sqrt{3^{2n}+4})}$$

$$= \lim_{n\to\infty} \frac{(3^n+2)^2-(3^{2n}+4)}{2(3^n+2+\sqrt{3^{2n}+4})}$$

$$= \lim_{n\to\infty} \frac{2\times 3^n}{3^n+2+\sqrt{3^{2n}+4}}$$

$$= \lim_{n\to\infty} \frac{2}{1+\dfrac{2}{3^n}+\sqrt{1+\dfrac{4}{3^{2n}}}}$$

$$= 1$$

답 ⑤

03 급수의 수렴, 발산

수능 유형 체크   본문 15쪽

$S_n = \dfrac{9n+3}{n+1}$에서 $a_1 = S_1 = 6$이고

$$\lim_{n\to\infty} S_n = \lim_{n\to\infty} \frac{9n+3}{n+1}$$

$$= \lim_{n\to\infty} \frac{9+\dfrac{3}{n}}{1+\dfrac{1}{n}}$$

$$= 9$$

이므로

$$\sum_{n=1}^{\infty}(a_n+a_{n+1}) = \lim_{n\to\infty}\sum_{k=1}^{n}(a_k+a_{k+1})$$

$$= \lim_{n\to\infty}\left(\sum_{k=1}^{n}a_k+\sum_{k=1}^{n}a_{k+1}\right)$$

$$= \lim_{n\to\infty}(S_n+S_{n+1}-a_1)$$

$$= \lim_{n\to\infty}S_n+\lim_{n\to\infty}S_{n+1}-a_1$$

$$= \lim_{n\to\infty}S_n+\lim_{n\to\infty}S_n-a_1$$

$$= 9+9-6$$

$$= 12$$

답 ①

수능의 감을 쑥쑥 키워주는 **수능 유제**   본문 16~17쪽

| 03-1 | 27 | 03-2 | ③ | 03-3 | ③ | 03-4 | ⑤ |

03-1

급수 $\sum\limits_{n=1}^{\infty}\dfrac{a_n}{3^n}$이 수렴하므로

$$\lim_{n\to\infty}\frac{a_n}{3^n}=0$$

따라서

$$\lim_{n\to\infty}\frac{a_n+3^{n+2}-2^{n+1}}{3a_n+3^{n-1}+2^n} = \lim_{n\to\infty}\frac{\dfrac{a_n}{3^n}+9-2\times\left(\dfrac{2}{3}\right)^n}{3\times\dfrac{a_n}{3^n}+\dfrac{1}{3}+\left(\dfrac{2}{3}\right)^n}$$

$$= \frac{0+9-2\times 0}{3\times 0+\dfrac{1}{3}+0}$$

$$= 27$$

답 27

03-2

$18^n = 2^n \times 3^{2n}$이므로

$$a_n = (n+1)(2n+1)$$

$$= 2n^2+3n+1 \ (n\geq 2)$$

$\dfrac{15^n}{9} = 3^{n-2}\times 5^n$이므로

$$b_n = (n-1)(n+1)$$

$$= n^2-1 \ (n\geq 2)$$

따라서

$$a_n - b_n = (2n^2+3n+1)-(n^2-1)$$

$$= n^2+3n+2 \ (n\geq 2)$$

이므로

$$\sum_{n=2}^{\infty}\frac{1}{a_n-b_n} = \sum_{n=2}^{\infty}\frac{1}{n^2+3n+2}$$

$$= \sum_{n=2}^{\infty}\frac{1}{(n+1)(n+2)}$$

$$= \lim_{n\to\infty}\sum_{k=2}^{n}\frac{1}{(k+1)(k+2)}$$

$$= \lim_{n\to\infty}\sum_{k=2}^{n}\left(\frac{1}{k+1}-\frac{1}{k+2}\right)$$

$$= \lim_{n\to\infty}\left(\frac{1}{3}-\frac{1}{n+2}\right)$$

$$= \frac{1}{3}$$

답 ③

03-3

ㄱ. $\sum\limits_{n=1}^{\infty} a_n$과 $\sum\limits_{n=1}^{\infty} (a_n+b_n)$이 모두 수렴하므로

$\sum\limits_{n=1}^{\infty} a_n = S$, $\sum\limits_{n=1}^{\infty} (a_n+b_n) = T$ (S, T는 실수)라 하자.

이때

$$\sum_{n=1}^{\infty} b_n = \sum_{n=1}^{\infty} \{(a_n+b_n)-a_n\}$$
$$= \sum_{n=1}^{\infty} (a_n+b_n) - \sum_{n=1}^{\infty} a_n$$
$$= T-S$$

이므로 $\sum\limits_{n=1}^{\infty} b_n$은 수렴한다. (참)

ㄴ. [반례] $a_n = \dfrac{1}{4^n}$, $b_n = 2^n$이라 하면

$\sum\limits_{n=1}^{\infty} a_n$은 공비가 $\dfrac{1}{4}$인 등비급수이고

$-1 < \dfrac{1}{4} < 1$이므로 $\sum\limits_{n=1}^{\infty} a_n$은 수렴한다.

또, $\sum\limits_{n=1}^{\infty} b_n$은 공비가 2인 등비급수이고

$2 > 1$이므로 $\sum\limits_{n=1}^{\infty} b_n$은 발산한다.

이때 $a_n b_n = \dfrac{1}{4^n} \times 2^n = \dfrac{1}{2^n}$에서 $\sum\limits_{n=1}^{\infty} a_n b_n$은 공비가 $\dfrac{1}{2}$인 등비

급수이고, $-1 < \dfrac{1}{2} < 1$이므로 $\sum\limits_{n=1}^{\infty} a_n b_n$은 수렴한다. (거짓)

ㄷ. $\sum\limits_{n=1}^{\infty} (a_n+b_n) = \sum\limits_{n=1}^{\infty} (a_n+3) = 2$에서 두 급수

$\sum\limits_{n=1}^{\infty} (a_n+b_n)$, $\sum\limits_{n=1}^{\infty} (a_n+3)$

이 모두 수렴하므로

$\lim\limits_{n\to\infty} (a_n+b_n) = 0$, $\lim\limits_{n\to\infty} (a_n+3) = 0$

따라서 $\lim\limits_{n\to\infty} a_n = -3$이므로

$$\lim_{n\to\infty} b_n = \lim_{n\to\infty} \{(a_n+b_n)-a_n\}$$
$$= \lim_{n\to\infty} (a_n+b_n) - \lim_{n\to\infty} a_n$$
$$= 0-(-3)$$
$$= 3 \text{ (참)}$$

따라서 옳은 것은 ㄱ, ㄷ이다.

답 ③

03-4

두 원

$C_1 : x^2+y^2=4$ ...... ㉠

$C_2 : (x-2)^2+y^2 = \dfrac{2}{n^2}$ ...... ㉡

에서

㉠ㅡ㉡을 하면

$$4x-4 = 4 - \dfrac{2}{n^2}$$
$$x = 2 - \dfrac{1}{2n^2} = \dfrac{4n^2-1}{2n^2}$$

이므로 $a_n = \dfrac{4n^2-1}{2n^2}$

따라서

$$\sum_{n=1}^{\infty} \dfrac{1}{2n^2 a_n} = \sum_{n=1}^{\infty} \dfrac{1}{4n^2-1}$$
$$= \sum_{n=1}^{\infty} \dfrac{1}{(2n-1)(2n+1)}$$
$$= \lim_{n\to\infty} \sum_{k=1}^{n} \dfrac{1}{(2k-1)(2k+1)}$$
$$= \lim_{n\to\infty} \sum_{k=1}^{n} \dfrac{1}{2}\left(\dfrac{1}{2k-1} - \dfrac{1}{2k+1}\right)$$
$$= \lim_{n\to\infty} \dfrac{1}{2}\left(1 - \dfrac{1}{2n+1}\right)$$
$$= \dfrac{1}{2}$$

답 ⑤

04 등비급수의 활용

수능 유형 체크   본문 19쪽

다음 그림과 같이 그림 R_1에서 호 $A_1'C_2$가 직선 A_1C_1과 접하는 점을 H_1이라 하자.

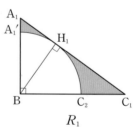

R_1

$\overline{BH_1} \perp \overline{A_1C_1}$에서

$\overline{A_1B} \times \overline{BC_1} = \overline{A_1C_1} \times \overline{BH_1}$

이고

$$\overline{A_1C_1} = \sqrt{\overline{A_1B}^2 + \overline{BC_1}^2}$$
$$= \sqrt{1+2}$$
$$= \sqrt{3}$$

이므로

$$\overline{BH_1} = \frac{\overline{A_1B} \times \overline{BC_1}}{\overline{A_1C_1}}$$

$$= \frac{1 \times \sqrt{2}}{\sqrt{3}}$$

$$= \frac{\sqrt{2}}{\sqrt{3}}$$

따라서

$$S_1 = \frac{1}{2} \times 1 \times \sqrt{2} - \frac{1}{4} \times \pi \times \left(\frac{\sqrt{2}}{\sqrt{3}}\right)^2$$

$$= \frac{\sqrt{2}}{2} - \frac{\pi}{6}$$

삼각형 A_nBC_n에서 $\overline{A_nB} = a_n$이라 하면

$$\overline{BC_n} = \sqrt{2}a_n$$

$$\overline{A_nC_n} = \sqrt{3}a_n$$

이다.

다음 그림과 같이 호 $A_n{}'C_{n+1}$이 직선 A_nC_n과 접하는 점을 H_n이라 하자.

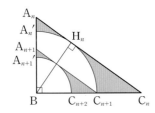

$\overline{BH_n} \perp \overline{A_nC_n}$에서

$$\overline{A_nB} \times \overline{BC_n} = \overline{A_nC_n} \times \overline{BH_n}$$

이므로

$$\overline{BH_n} = \frac{\overline{A_nB} \times \overline{BC_n}}{\overline{A_nC_n}}$$

$$= \frac{a_n \times \sqrt{2}a_n}{\sqrt{3}a_n}$$

$$= \frac{\sqrt{2}}{\sqrt{3}}a_n$$

따라서

$$\overline{BC_n} = \sqrt{2}a_n$$

$$\overline{BC_{n+1}} = \overline{BH_n} = \frac{\sqrt{2}}{\sqrt{3}}a_n$$

이므로 두 삼각형 A_nBC_n과 $A_{n+1}BC_{n+1}$의 닮음비는

$$\sqrt{2}a_n : \frac{\sqrt{2}}{\sqrt{3}}a_n = 1 : \frac{1}{\sqrt{3}}$$

이고 그림 R_n에서 새로 색칠한 부분의 넓이를 b_n이라 하면

$$b_n : b_{n+1} = 1 : \frac{1}{3}$$

수열 $\{b_n\}$은 첫째항이 $\dfrac{\sqrt{2}}{2} - \dfrac{\pi}{6}$이고 공비가 $\dfrac{1}{3}$인 등비수열이므로

$$\lim_{n \to \infty} S_n = \sum_{n=1}^{\infty} b_n = \frac{\dfrac{\sqrt{2}}{2} - \dfrac{\pi}{6}}{1 - \dfrac{1}{3}} = \frac{3\sqrt{2} - \pi}{4}$$

따라서 $p = \dfrac{3}{4}$, $q = -\dfrac{1}{4}$이므로

$$100(p+q) = 100 \times \frac{1}{2} = 50$$

답 50

수능의 감을 쑥쑥 키워주는 **수능 유제**							본문 20~21쪽
04-1	②	**04-2**	③	**04-3**	②	**04-4**	220

04-1

두 등비급수가 모두 수렴하기 위해서는

$-1 < x + \dfrac{3}{2} < 1$, $-1 < 2x + 5 < 1$을 동시에 만족시키는 x가 존재해야 한다.

$-1 < x + \dfrac{3}{2} < 1$에서 $-\dfrac{5}{2} < x < -\dfrac{1}{2}$ ······ ㉠

$-1 < 2x + 5 < 1$에서 $-3 < x < -2$ ······ ㉡

㉠과 ㉡에서 $-\dfrac{5}{2} < x < -2$

따라서 $p = -\dfrac{5}{2}$, $q = -2$이므로

$$p + q = -\frac{9}{2}$$

답 ②

04-2

$\displaystyle\sum_{n=1}^{\infty}(a_n + b_n) = \dfrac{10}{3}$에서

$\dfrac{1}{1-r} + \dfrac{1}{1-s} = \dfrac{10}{3}$, 즉

$3(2 - r - s) = 10(1 - r - s + rs)$,

$10rs - 7r - 7s + 4 = 0$ ······ ㉠

$\displaystyle\sum_{n=1}^{\infty} a_n b_n = \dfrac{8}{7}$에서

$\dfrac{1}{1-rs} = \dfrac{8}{7}$, 즉 $rs = \dfrac{1}{8}$ ······ ㉡

㉠, ㉡에서 $r + s = \dfrac{3}{4}$ ······ ㉢

$\displaystyle\sum_{n=1}^{\infty}(a_n{}^2b_n{}^2)=a_1{}^2b_1{}^2+a_2{}^2b_2{}^2+a_3{}^2b_3{}^2+\cdots$ 에서

급수 $\displaystyle\sum_{n=1}^{\infty}(a_n{}^2b_n{}^2)$ 은 첫째항이 1이고 공비가 $(rs)^2$ 이므로

$$\frac{1}{1-(rs)^2}=\frac{1}{1-\frac{1}{64}}=\frac{64}{63}$$

따라서 $(r+s)\displaystyle\sum_{n=1}^{\infty}(a_n{}^2b_n{}^2)=\frac{3}{4}\times\frac{64}{63}=\frac{16}{21}$

답 ③

04-3

직각삼각형 $A_1A_2D_2$ 에서 $\overline{A_1A_2}=4$, $\overline{A_1D_2}=3$ 이므로
$\overline{A_2D_2}=5$

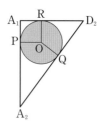

위 그림과 같이 삼각형 $A_1A_2D_2$ 의 내접원의 중심을 O, 세 접점을 각각 P, Q, R라 하고, 내접원의 반지름의 길이를 r 라 하면 사각형 A_1POR 는 한 변의 길이가 r 인 정사각형이므로
$\overline{A_2P}=\overline{A_2Q}=4-r$
$\overline{D_2R}=\overline{D_2Q}=3-r$
따라서 $(4-r)+(3-r)=5$ 에서 $r=1$ 이므로 내접원의 넓이는 π 이고 $S_1=4\pi$ 이다.
한편, 정사각형 $A_nB_nC_nD_n$ 의 한 변의 길이를 $7a_n$ 이라 하면
$\overline{A_nA_{n+1}}=4a_n$, $\overline{A_nD_{n+1}}=3a_n$ 이므로 $\overline{A_{n+1}D_{n+1}}=5a_n$
따라서 정사각형 $A_{n+1}B_{n+1}C_{n+1}D_{n+1}$ 의 한 변의 길이 $7a_{n+1}$ 이 $5a_n$ 이므로 $a_{n+1}=\dfrac{5}{7}a_n$

그러므로 그림 R_{n+1} 에서 새로 색칠한 부분의 넓이는 그림 R_n 에서 새로 색칠한 부분의 넓이의 $\dfrac{25}{49}$ 이다.

따라서 $\displaystyle\lim_{n\to\infty}S_n$ 은 첫째항이 4π 이고 공비가 $\dfrac{25}{49}$ 인 등비급수이므로

$$\lim_{n\to\infty}S_n=\frac{4\pi}{1-\frac{25}{49}}=\frac{49}{6}\pi$$

답 ②

04-4

다음 그림과 같이 원 O_1 의 중심을 O라 하면 삼각형 A_1E_1O 는 $\angle A_1E_1O$ 가 직각이고 $\angle OA_1E_1=60°$ 인 직각삼각형이다.

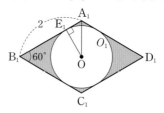

이때 $\overline{OA_1}=1$ 이므로

$$\overline{OE_1}=\overline{OA_1}\times\sin 60°=\frac{\sqrt{3}}{2}$$

따라서

$$S_1=2\times2\times\frac{\sqrt{3}}{2}-\left(\frac{\sqrt{3}}{2}\right)^2\pi=2\sqrt{3}-\frac{3}{4}\pi$$

또, 다음 그림과 같이 사각형 $A_nB_nC_nD_n$ 에서 $\angle A_nB_nC_n=60°$ 이면 삼각형 A_nH_nO 는 $\angle A_nH_nO$ 가 직각이고 $\angle OA_nH_n=60°$ 인 직각삼각형이다.

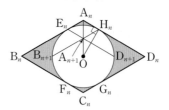

$\overline{A_nB_n}=a_n$ 이라 하면

$\overline{OA_n}=\dfrac{1}{2}a_n$

$\overline{B_nD_n}=2\overline{OB_n}=\sqrt{3}a_n$
이고
$\overline{A_nH_n}=\overline{OA_n}\times\cos 60°$

$\qquad=\dfrac{1}{2}a_n\times\dfrac{1}{2}$

$\qquad=\dfrac{1}{4}a_n=\dfrac{1}{4}\overline{A_nD_n}$

$\overline{B_nB_{n+1}}=\overline{OB_n}-\overline{OB_{n+1}}$

$\qquad=\dfrac{\sqrt{3}}{2}a_n-\overline{OH_n}$

$\qquad=\dfrac{\sqrt{3}}{2}a_n-\overline{OA_n}\times\sin 60°$

$\qquad=\dfrac{\sqrt{3}}{2}a_n-\dfrac{\sqrt{3}}{4}a_n$

$\qquad=\dfrac{\sqrt{3}}{4}a_n=\dfrac{1}{4}\overline{B_nD_n}$

이므로 두 선분 A_nB_n, $A_{n+1}B_{n+1}$ 은 서로 평행하다.

마찬가지로 선분 B_nC_n과 $B_{n+1}C_{n+1}$, 선분 C_nD_n과 $C_{n+1}D_{n+1}$, 선분 D_nA_n과 $D_{n+1}A_{n+1}$도 각각 평행하므로 두 사각형 $A_nB_nC_nD_n$, $A_{n+1}B_{n+1}C_{n+1}D_{n+1}$은 서로 닮음이다.

이때

$$a_{n+1} = \overline{A_{n+1}B_{n+1}}$$
$$= \overline{OB_{n+1}} \times \frac{1}{\cos 30°}$$
$$= \frac{\sqrt{3}}{4}a_n \times \frac{2}{\sqrt{3}}$$
$$= \frac{1}{2}a_n$$

이므로 그림 R_{n+1}에서 새로 색칠한 부분의 넓이는 그림 R_n에서 새로 색칠한 부분의 넓이의 $\frac{1}{4}$이다.

따라서 $\lim\limits_{n \to \infty} S_n$은 첫째항이 $2\sqrt{3} - \frac{3}{4}\pi$이고 공비가 $\frac{1}{4}$인 등비급수이므로

$$\lim_{n \to \infty} S_n = \frac{2\sqrt{3} - \frac{3}{4}\pi}{1 - \frac{1}{4}}$$
$$= \frac{4}{3}\left(2\sqrt{3} - \frac{3}{4}\pi\right)$$
$$= \frac{8}{3}\sqrt{3} - \pi$$

따라서 $p = \frac{8}{3}$, $q = -1$이므로

$$60(p-q) = 60\left(\frac{8}{3} + 1\right)$$
$$= 220$$

답 220

---

05 지수함수와 로그함수의 극한과 미분

수능 유형 체크

점 $P(a, b)$가 곡선 $y = \ln(x+1)$ 위에 있으므로
$$b = \ln(a+1) \qquad \cdots\cdots \text{㉠}$$
곡선 $y = \ln(x+1)$의 역함수가 $y = e^x - 1$이고
두 점 P, Q는 기울기가 -1인 직선 위에 있으므로 점 $Q(b, a)$이다. 또한, 직선 $y = x$와 선분 PQ가 만나는 점이 R이므로 점 R는 선분 PQ의 중점이다.

그러므로 $R\left(\dfrac{a+b}{2}, \dfrac{a+b}{2}\right)$

$$\overline{OR}^2 = \left(\frac{a+b}{2}\right)^2 + \left(\frac{a+b}{2}\right)^2 = \frac{(a+b)^2}{2}$$

$$\overline{PR}^2 = \left(a - \frac{a+b}{2}\right)^2 + \left(b - \frac{a+b}{2}\right)^2 = \frac{(a-b)^2}{2}$$

㉠에서

$$\overline{OR}^2 = \frac{\{a + \ln(a+1)\}^2}{2}, \ \overline{PR}^2 = \frac{\{a - \ln(a+1)\}^2}{2}$$이므로

$$\overline{OR}^2 - \overline{PR}^2 = 2a\ln(a+1)$$

따라서

$$\lim_{a \to 0+} \frac{\overline{OR}^2 - \overline{PR}^2}{a^2} = \lim_{a \to 0+} \frac{2a\ln(a+1)}{a^2}$$
$$= 2\lim_{a \to 0+} \frac{\ln(a+1)}{a}$$
$$= 2 \times 1 = 2$$

답 ②

|참고| 선분의 내분점과 중점

좌표평면 위의 두 점 $A(x_1, y_1)$, $B(x_2, y_2)$에 대하여
선분 AB를 $m : n$ $(m > 0, n > 0)$으로 내분하는 점 P의 좌표는 $P\left(\dfrac{mx_2 + nx_1}{m+n}, \dfrac{my_2 + ny_1}{m+n}\right)$이다.

특히, 선분 AB를 $1 : 1$로 내분하는 점 M, 즉 중점 M의 좌표는 $M\left(\dfrac{x_1 + x_2}{2}, \dfrac{y_1 + y_2}{2}\right)$이다.

수능의 감을 쑥쑥 키워주는 수능 유제

05-1	③	05-2	⑤	05-3	②	05-4	440

05-1

$\lim\limits_{x \to 0} \dfrac{e^{ax}+b}{\ln(1+x)}=1$에서 $x \to 0$일 때,

(분모) $\to 0$이므로 (분자) $\to 0$이어야 한다.

즉, $\lim\limits_{x \to 0}(e^{ax}+b)=e^0+b=1+b=0$에서 $b=-1$

$\lim\limits_{x \to 0} \dfrac{e^{ax}-1}{\ln(1+x)}=\lim\limits_{x \to 0}\left\{\dfrac{e^{ax}-1}{ax} \times \dfrac{x}{\ln(1+x)} \times a\right\}$

$\qquad\qquad\qquad = 1 \times 1 \times a = a$

에서 $a=1$

이므로 $f(x)=e^x-1$이고 $f'(x)=e^x$

$\lim\limits_{h \to 0} \dfrac{f(\ln 4+h)-f(\ln 4)}{2h}=\dfrac{1}{2}\lim\limits_{h \to 0}\dfrac{f(\ln 4+h)-f(\ln 4)}{h}$

$\qquad\qquad\qquad\qquad\qquad = \dfrac{1}{2}f'(\ln 4)$

$\qquad\qquad\qquad\qquad\qquad = \dfrac{1}{2}e^{\ln 4}$

$\qquad\qquad\qquad\qquad\qquad = \dfrac{1}{2} \times 4 = 2$

답 ③

05-2

$\lim\limits_{x \to 0} \dfrac{f(x)}{\ln\left(1+\dfrac{2x}{3}\right)}=\lim\limits_{x \to 0}\dfrac{\dfrac{3f(x)}{2x}}{\dfrac{3}{2x}\ln\left(1+\dfrac{2x}{3}\right)}$

$\qquad\qquad\qquad = \dfrac{3}{2}\lim\limits_{x \to 0}\dfrac{\dfrac{f(x)}{x}}{\ln\left(1+\dfrac{2x}{3}\right)^{\frac{3}{2x}}}=3$

이고 $\lim\limits_{x \to 0}\ln\left(1+\dfrac{2x}{3}\right)^{\frac{3}{2x}}=1$이므로

$\lim\limits_{x \to 0}\dfrac{f(x)}{x}=3 \times \dfrac{2}{3}=2$

따라서

$\lim\limits_{x \to 0}\dfrac{f(x)+e^x-1}{\ln(1+x)}=\lim\limits_{x \to 0}\dfrac{\dfrac{f(x)+e^x-1}{x}}{\dfrac{\ln(1+x)}{x}}$

$\qquad\qquad\qquad\qquad = \lim\limits_{x \to 0}\dfrac{\dfrac{f(x)}{x}+\dfrac{e^x-1}{x}}{\ln(1+x)^{\frac{1}{x}}}$

$\qquad\qquad\qquad\qquad = \dfrac{2+1}{1}=3$

답 ⑤

05-3

$f(x)=(n+2)x^{n+1}(x-1)$

$\qquad = (n+2)x^{n+2}-(n+2)x^{n+1}$에서

$f'(x)=(n+2)\{(n+2)x^{n+1}-(n+1)x^n\}$

$\qquad = (n+2)^2 x^n\left(x-\dfrac{n+1}{n+2}\right)$

x	0	$\cdots$	$\dfrac{n+1}{n+2}$	$\cdots$	1
$f'(x)$		$-$	0	$+$	
$f(x)$	0	$\searrow$	극소	$\nearrow$	0

$0 \le x \le 1$에서 $f(x)$는 $x=\dfrac{n+1}{n+2}$에서 극소이고 최소이므로

$g(n)=f\left(\dfrac{n+1}{n+2}\right)=(n+2)\left(\dfrac{n+1}{n+2}\right)^{n+1}\left(\dfrac{n+1}{n+2}-1\right)$

$\qquad = -\left(\dfrac{n+1}{n+2}\right)^{n+1}$

따라서 $\lim\limits_{n \to \infty}g(n)=\lim\limits_{n \to \infty}\left\{-\left(\dfrac{n+1}{n+2}\right)^{n+1}\right\}$

$\qquad\qquad\qquad = -\lim\limits_{n \to \infty}\dfrac{1}{\left(1+\dfrac{1}{n+1}\right)^{n+1}}=-\dfrac{1}{e}$

답 ②

05-4

직선 $x=t$와 두 곡선 $y=e^{(n+1)x}-1$, $y=\ln(nx+1)$이 만나는

두 점 A_n, B_n의 좌표는

$A_n(t, e^{(n+1)t}-1)$, $B_n(t, \ln(nt+1))$

선분 A_nB_n의 중점의 y좌표 $f_n(t)$는

$f_n(t)=\dfrac{\{e^{(n+1)t}-1\}+\ln(nt+1)}{2}$이므로

$\displaystyle\sum_{k=1}^{20}f_k(t)$

$=f_1(t)+f_2(t)+f_3(t)+\cdots+f_{20}(t)$

$=\dfrac{1}{2}\{(e^{2t}-1)+\ln(t+1)+(e^{3t}-1)+\ln(2t+1)$

$\qquad +(e^{4t}-1)+\ln(3t+1)+\cdots+(e^{21t}-1)+\ln(20t+1)\}$

$=\dfrac{1}{2}\{(e^{2t}-1)+(e^{3t}-1)+\cdots+(e^{21t}-1)\}$

$\qquad +\dfrac{1}{2}\{\ln(t+1)+\ln(2t+1)+\cdots+\ln(20t+1)\}$

따라서

$2\lim\limits_{t \to 0+}\dfrac{\displaystyle\sum_{k=1}^{20}f_k(t)}{t}$

$=\lim\limits_{t \to 0+}\left[\left(\dfrac{e^{2t}-1}{2t} \times 2+\dfrac{e^{3t}-1}{3t} \times 3+\cdots+\dfrac{e^{21t}-1}{21t} \times 21\right)\right.$

$$+\left\{\frac{\ln(t+1)}{t}+\frac{\ln(2t+1)}{2t}\times2+\cdots+\frac{\ln(20t+1)}{20t}\times20\right\}\right]$$

$$=(2+3+\cdots+20+21)+(1+2+\cdots+20)$$

$$=\sum_{k=1}^{21}k-1+\sum_{k=1}^{20}k$$

$$=\frac{21\times22}{2}-1+\frac{20\times21}{2}$$

$$=231-1+210=440$$

🔲 440

|참고| 자연수의 거듭제곱의 합

(1) $\displaystyle\sum_{k=1}^{n}k=1+2+3+\cdots+n=\frac{n(n+1)}{2}$

(2) $\displaystyle\sum_{k=1}^{n}k^2=1^2+2^2+3^2+\cdots+n^2=\frac{n(n+1)(2n+1)}{6}$

(3) $\displaystyle\sum_{k=1}^{n}k^3=1^3+2^3+3^3+\cdots+n^3=\left\{\frac{n(n+1)}{2}\right\}^2$

06 삼각함수의 덧셈정리

수능 유형 체크

본문 27쪽

$\overline{\mathrm{PA}}=a$로 놓으면 $\overline{\mathrm{PB}}=\sqrt5 a$

삼각형 ABP에서 $\angle\mathrm{APB}=90°$이므로

$a^2+(\sqrt5 a)^2=(\sqrt6)^2$

$6a^2=6$, $a^2=1$

그런데 $a>0$이므로 $a=1$

그러므로 $\overline{\mathrm{PA}}=1$, $\overline{\mathrm{PB}}=\sqrt5$

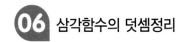

위의 그림에서 $\sin\alpha=\dfrac{\sqrt5}{\sqrt6}$, $\cos\alpha=\dfrac{1}{\sqrt6}$이고

$\sin\beta=\dfrac{1}{\sqrt6}$, $\cos\beta=\dfrac{\sqrt5}{\sqrt6}$이므로

$\cos(\alpha-\beta)=\cos\alpha\cos\beta+\sin\alpha\sin\beta$

$$=\frac{1}{\sqrt6}\times\frac{\sqrt5}{\sqrt6}+\frac{\sqrt5}{\sqrt6}\times\frac{1}{\sqrt6}=\frac{\sqrt5}{3}$$

따라서

$9\cos^2(\alpha-\beta)=9\times\left(\dfrac{\sqrt5}{3}\right)^2=5$

🔲 5

수능의 감을 쑥쑥 키워주는 수능 유제

본문 28~29쪽

| 06-1 | ② | 06-2 | ⑤ | 06-3 | ⑤ | 06-4 | ③ |

06-1

$\overline{\mathrm{OP}}=\sqrt{4^2+(-3)^2}=5$이므로

$\sin\theta_1=-\dfrac{3}{5}$에서

$\sin(-\theta_1)=-\sin\theta_1=\dfrac{3}{5}$

점 P를 x축에 대하여 대칭이동한 점 Q의 좌표는

Q(4, 3)이므로

$\overline{\mathrm{OQ}}=\sqrt{4^2+3^2}=5$

그러므로 $\sin\theta_2=\dfrac{3}{5}$, $\cos\theta_2=\dfrac{4}{5}$에서

$\cos(2\theta_2)=\cos(\theta_2+\theta_2)$

$$=\cos\theta_2\cos\theta_2-\sin\theta_2\sin\theta_2$$

$$=\frac{4}{5}\times\frac{4}{5}-\frac{3}{5}\times\frac{3}{5}=\frac{7}{25}$$

따라서

$\sin(-\theta_1)+\cos(2\theta_2)=\dfrac{3}{5}+\dfrac{7}{25}$

$$=\frac{22}{25}$$

🔲 ②

06-2

직선 $y=\dfrac{2}{3}x$가 x축과 이루는 예각의 크기를 θ_1이라 하면

$\tan\theta_1=\dfrac{2}{3}$

원점을 지나는 직선 l이 직선 $y=\dfrac{2}{3}x$와 이루는 예각의 크기가

$\dfrac{\pi}{4}$이고, 기울기가 양수이므로 $\tan\theta>\tan\theta_1$

$\theta=\theta_1+\dfrac{\pi}{4}$이므로

$\tan\theta=\tan\left(\theta_1+\dfrac{\pi}{4}\right)$

$$=\frac{\tan\theta_1+\tan\dfrac{\pi}{4}}{1-\tan\theta_1\tan\dfrac{\pi}{4}}$$

$$=\frac{\dfrac{2}{3}+1}{1-\dfrac{2}{3}\times1}=5$$

🔲 ⑤

|참고|

(1) 탄젠트함수의 덧셈정리

① $\tan(\alpha+\beta)=\dfrac{\tan\alpha+\tan\beta}{1-\tan\alpha\tan\beta}$

② $\tan(\alpha-\beta)=\dfrac{\tan\alpha-\tan\beta}{1+\tan\alpha\tan\beta}$

(2) 두 직선이 이루는 예각의 크기

두 직선 $y=mx+n$, $y=m'x+n'$이 x축의 양의 방향과 이루는 각의 크기를 각각 α, β라 하고, 두 직선이 이루는 예각의 크기를 θ라 하면

$\tan\theta=|\tan(\alpha-\beta)|$

$\qquad=\left|\dfrac{\tan\alpha-\tan\beta}{1+\tan\alpha\tan\beta}\right|$

$\qquad=\left|\dfrac{m-m'}{1+mm'}\right|$ (단, $mm'\neq-1$)

06-3

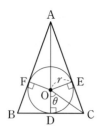

위의 그림에서

$\overline{DO}\perp\overline{BC}$, $\overline{EO}\perp\overline{AC}$, $\overline{FO}\perp\overline{AB}$, $\overline{DO}=\overline{EO}=\overline{FO}$

직각삼각형 ADC에서

$\overline{AD}=\sqrt{3^2-1^2}=2\sqrt{2}$이므로 이등변삼각형 ABC의 넓이는

$\dfrac{1}{2}\times\overline{BC}\times\overline{AD}=\dfrac{1}{2}\times2\times2\sqrt{2}=2\sqrt{2}$

내접원의 반지름의 길이를 r라 하면

$\dfrac{1}{2}(3+3+2)r=2\sqrt{2}$에서 $r=\dfrac{\sqrt{2}}{2}$

직각삼각형 ODC에서

$\overline{CO}=\sqrt{1^2+\left(\dfrac{\sqrt{2}}{2}\right)^2}=\dfrac{\sqrt{6}}{2}$이므로 $\angle DOC=\theta$라 하면

$\sin\theta=\dfrac{1}{\dfrac{\sqrt{6}}{2}}=\dfrac{\sqrt{6}}{3}$

$\cos\theta=\dfrac{\dfrac{\sqrt{2}}{2}}{\dfrac{\sqrt{6}}{2}}=\dfrac{\sqrt{3}}{3}$

따라서 $\triangle OCD\equiv\triangle OCE$에서

$\angle COD=\angle COE$이므로

$\sin(\angle DOE)=\sin(\theta+\theta)$

$\qquad=\sin\theta\cos\theta+\cos\theta\sin\theta$

$\qquad=\dfrac{\sqrt{6}}{3}\times\dfrac{\sqrt{3}}{3}+\dfrac{\sqrt{3}}{3}\times\dfrac{\sqrt{6}}{3}$

$\qquad=\dfrac{\sqrt{2}}{3}+\dfrac{\sqrt{2}}{3}=\dfrac{2\sqrt{2}}{3}$

답 ⑤

06-4

$\sec(\angle ABC)=2$이므로

$\cos(\angle ABC)=\dfrac{1}{2}$

즉, $\angle ABC=\dfrac{\pi}{3}$이고 $\overline{BC}=3$이므로

$\overline{AC}=3\sqrt{3}$

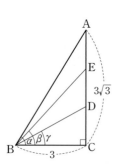

선분 CA를 $1:2$로 내분하는 점이 D, 선분 CA를 $2:1$로 내분하는 점이 E이므로 선분 CA의 삼등분점이 D, E이다.

즉, $\overline{CD}=\sqrt{3}$, $\overline{CE}=2\sqrt{3}$

직각삼각형 ABC, EBC, DBC에서

$\overline{AB}=6$, $\overline{BE}=\sqrt{21}$, $\overline{BD}=2\sqrt{3}$

$\angle ABC=\alpha$, $\angle EBC=\beta$, $\angle DBC=\gamma$라 하면

$\sin(\angle EBD)=\sin(\beta-\gamma)$

$\qquad=\sin\beta\cos\gamma-\cos\beta\sin\gamma$

$\qquad=\dfrac{2\sqrt{3}}{\sqrt{21}}\times\dfrac{\sqrt{3}}{2}-\dfrac{3}{\sqrt{21}}\times\dfrac{1}{2}$

$\qquad=\dfrac{3}{2\sqrt{21}}$

$\cos(\angle EBD)=\cos(\beta-\gamma)$

$\qquad=\cos\beta\cos\gamma+\sin\beta\sin\gamma$

$\qquad=\dfrac{3}{\sqrt{21}}\times\dfrac{\sqrt{3}}{2}+\dfrac{2\sqrt{3}}{\sqrt{21}}\times\dfrac{1}{2}$

$\qquad=\dfrac{5\sqrt{3}}{2\sqrt{21}}$

따라서
$$\sin(\angle ABC - \angle EBD)$$
$$= \sin\{\alpha - (\beta - \gamma)\}$$
$$= \sin\alpha\cos(\beta - \gamma) - \cos\alpha\sin(\beta - \gamma)$$
$$= \frac{\sqrt{3}}{2} \times \frac{5\sqrt{3}}{2\sqrt{21}} - \frac{1}{2} \times \frac{3}{2\sqrt{21}}$$
$$= \frac{12}{4\sqrt{21}} = \frac{\sqrt{21}}{7}$$

目 ③

|**참고**| 선분의 내분점

선분 AB 위의 점 P에 대하여
$$\overline{AP} : \overline{PB} = m : n \ (m > 0, \ n > 0)$$
일 때, 점 P는 선분 AB를 $m : n$으로 내분한다고 하며, 점 P를 선분 AB의 내분점이라 한다.

07 삼각함수의 극한과 미분

수능 유형 체크

본문 31쪽

직각삼각형 ABC에서
$$\tan\theta = \frac{\overline{BC}}{3}$$이므로 $\overline{BC} = 3\tan\theta$
직각삼각형 BCD에서 $\angle C = \frac{\pi}{2} - \theta$이므로
$$\cos\left(\frac{\pi}{2} - \theta\right) = \frac{\overline{CD}}{\overline{BC}}, \ \text{즉} \ \sin\theta = \frac{\overline{CD}}{3\tan\theta}$$
$$\overline{CD} = 3\sin\theta\tan\theta \quad \cdots\cdots \ \text{㉠}$$
직각삼각형 ABD에서
$$\sin\theta = \frac{\overline{BD}}{3}$$이므로 $\overline{BD} = 3\sin\theta$
또한, 삼각형 BDE에서 $\angle DBE = \theta$이므로
$$\sin\theta = \frac{\overline{DE}}{\overline{BD}}, \ \text{즉} \ \sin\theta = \frac{\overline{DE}}{3\sin\theta}$$
$$\overline{DE} = \sin\theta \times 3\sin\theta = 3\sin^2\theta \quad \cdots\cdots \ \text{㉡}$$
㉠과 ㉡에서
$$\lim_{\theta \to 0+} \frac{\overline{CD} \times \overline{DE}}{\theta^4} = \lim_{\theta \to 0+} \frac{3\sin\theta\tan\theta \times 3\sin^2\theta}{\theta^4}$$
$$= 9 \lim_{\theta \to 0+} \left\{ \left(\frac{\sin\theta}{\theta}\right)^3 \times \frac{\tan\theta}{\theta} \right\}$$
$$= 9 \times 1^3 \times 1 = 9$$

目 9

수능의 감을 쑥쑥 키워주는 **수능 유제**			본문 32~33쪽	
07-1 ③	**07-2** ⑤	**07-3** ③	**07-4** ①	

07-1

$$\lim_{x \to 0} \frac{2 - 3\cos^2 x + a}{x\sin x(1 + \tan x)} = b$$에서

$x \to 0$일 때 (분모) $\to 0$이고 극한값이 존재하므로
(분자) $\to 0$이어야 한다.
즉, $\displaystyle\lim_{x \to 0}(2 - 3\cos^2 x + a) = 0$이므로
$2 - 3 + a = 0$에서
$a = 1$
그러므로
$$\lim_{x \to 0} \frac{2 - 3\cos^2 x + a}{x\sin x(1 + \tan x)} = \lim_{x \to 0} \frac{2 - 3\cos^2 x + 1}{x\sin x(1 + \tan x)}$$
$$= \lim_{x \to 0} \frac{3(1 - \cos^2 x)}{x\sin x(1 + \tan x)}$$
$$= \lim_{x \to 0} \frac{3\sin^2 x}{x\sin x(1 + \tan x)}$$
$$= \lim_{x \to 0} \left(\frac{\sin x}{x} \times \frac{3}{1 + \tan x} \right)$$
$$= 1 \times 3 = 3$$
에서 $b = 3$
따라서 $a + b = 1 + 3 = 4$

目 ③

07-2

$f(x) = ax + b \ (a, \ b$는 상수, $a \neq 0)$로 놓으면
$$\lim_{x \to \frac{\pi}{2}} \frac{\sin x\cos x}{ax + b} = \frac{1}{4}$$에서

$x \to \dfrac{\pi}{2}$일 때 (분자) $\to 0$이고 0이 아닌 극한값이 존재하므로
(분모) $\to 0$이어야 한다.
즉, $\displaystyle\lim_{x \to \frac{\pi}{2}}(ax + b) = 0$이므로
$\dfrac{\pi}{2}a + b = 0$에서 $b = -\dfrac{\pi}{2}a$
$$\lim_{x \to \frac{\pi}{2}} \frac{\sin x\cos x}{f(x)} = \lim_{x \to \frac{\pi}{2}} \frac{\sin x\cos x}{ax - \frac{\pi}{2}a}$$
$$= \lim_{x \to \frac{\pi}{2}} \frac{\sin x\cos x}{a\left(x - \frac{\pi}{2}\right)}$$
$x - \dfrac{\pi}{2} = t$로 놓으면 $x \to \dfrac{\pi}{2}$일 때, $t \to 0$이므로

$$\lim_{x \to \frac{\pi}{2}} \frac{\sin x \cos x}{a\left(x - \frac{\pi}{2}\right)} = \lim_{t \to 0} \frac{\sin\left(t + \frac{\pi}{2}\right)\cos\left(t + \frac{\pi}{2}\right)}{at}$$

$$= -\frac{1}{a}\lim_{t \to 0}\left(\cos t \times \frac{\sin t}{t}\right)$$

$$= -\frac{1}{a} = \frac{1}{4}$$

에서 $a = -4$

따라서 $f(x) = -4x + 2\pi$이므로

$f(-\pi) = 4\pi + 2\pi$

$\qquad = 6\pi$

답 ⑤

07-3

$f'(x) = \cos x(1 + \cos x) + \sin x(-\sin x)$

$\qquad = \cos^2 x + \cos x - \sin^2 x$

$\qquad = \cos^2 x + \cos x - (1 - \cos^2 x)$

$\qquad = 2\cos^2 x + \cos x - 1$

$\qquad = (2\cos x - 1)(\cos x + 1)$

곡선 $y = f(x)$ 위의 점 $(a, f(a))$에서의 접선이 x축과 평행하므로 $f'(a) = 0$에서

$\cos a = \dfrac{1}{2}$ 또는 $\cos a = -1$

$0 \le a \le 2\pi$에서 $a = \dfrac{\pi}{3}, \dfrac{5\pi}{3}, \pi$

따라서 $\dfrac{\pi}{3} + \dfrac{5\pi}{3} + \pi = 3\pi$

답 ③

07-4

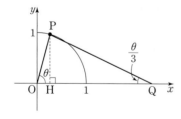

점 P에서 x축에 내린 수선의 발을 H라 하면

직각삼각형 OHP에서 $\overline{OP} = 1$이므로

$\overline{OH} = \cos\theta$, $\overline{PH} = \sin\theta$ ...... ㉠

직각삼각형 PHQ에서

$\tan\dfrac{\theta}{3} = \dfrac{\overline{PH}}{\overline{HQ}} = \dfrac{\sin\theta}{\overline{HQ}}$이므로

$\overline{HQ} = \dfrac{\sin\theta}{\tan\dfrac{\theta}{3}}$ ...... ㉡

㉠과 ㉡에서

$\overline{OQ} = \overline{OH} + \overline{HQ}$

$\qquad = \cos\theta + \dfrac{\sin\theta}{\tan\dfrac{\theta}{3}}$ ...... ㉢

또한, 직각삼각형 PHQ에서

$\sin\dfrac{\theta}{3} = \dfrac{\overline{PH}}{\overline{PQ}} = \dfrac{\sin\theta}{\overline{PQ}}$이므로

$\overline{PQ} = \dfrac{\sin\theta}{\sin\dfrac{\theta}{3}}$ ...... ㉣

㉢과 ㉣에서

$$\lim_{\theta \to 0+} \frac{\overline{PQ}}{\overline{OQ}} = \lim_{\theta \to 0+} \frac{\dfrac{\sin\theta}{\sin\dfrac{\theta}{3}}}{\cos\theta + \dfrac{\sin\theta}{\tan\dfrac{\theta}{3}}}$$

$$= \lim_{\theta \to 0+} \frac{\sin\theta}{\sin\dfrac{\theta}{3}\cos\theta + \cos\dfrac{\theta}{3}\sin\theta}$$

$$= \lim_{\theta \to 0+} \frac{\sin\theta}{\sin\left(\dfrac{\theta}{3} + \theta\right)}$$

$$= \lim_{\theta \to 0+} \frac{\sin\theta}{\sin\dfrac{4}{3}\theta}$$

$$= \lim_{\theta \to 0+} \frac{\dfrac{\sin\theta}{\theta}}{\dfrac{\sin\dfrac{4}{3}\theta}{\dfrac{4}{3}\theta} \times \dfrac{4}{3}}$$

$$= \frac{1}{1 \times \dfrac{4}{3}} = \frac{3}{4}$$

답 ①

08 몫의 미분법, 합성함수의 미분법

조건 (가)에서

$h(x)=(g\circ f)(x)=g(f(x))=\dfrac{f(x)+3}{\{f(x)\}^2}$ 이므로

$h'(x)=\dfrac{f'(x)\{f(x)\}^2-\{f(x)+3\}\times 2f(x)f'(x)}{\{f(x)\}^4}$

$\qquad =\dfrac{f'(x)f(x)-2\{f(x)+3\}f'(x)}{\{f(x)\}^3}$

$\qquad =-\dfrac{f'(x)\{f(x)+6\}}{\{f(x)\}^3}$

조건 (나)의 $\displaystyle\lim_{x\to 2}\dfrac{f(x)+3}{x^2-x-2}=1$에서

$x\longrightarrow 2$일 때, (분모) $\longrightarrow 0$이므로 (분자) $\longrightarrow 0$이어야 한다.

$\displaystyle\lim_{x\to 2}\{f(x)+3\}=0$에서 $f(2)=-3$

한편, $\displaystyle\lim_{x\to 2}\dfrac{f(x)+3}{x^2-x-2}=\lim_{x\to 2}\dfrac{f(x)+3}{(x-2)(x+1)}=1$에서

$\displaystyle\lim_{x\to 2}\dfrac{f(x)-f(2)}{x-2}\times\dfrac{1}{x+1}=1$이므로

$f'(2)\times\dfrac{1}{3}=1$, $f'(2)=3$

따라서

$h'(2)=-\dfrac{f'(2)\{f(2)+6\}}{\{f(2)\}^3}=-\dfrac{3(-3+6)}{(-3)^3}=\dfrac{1}{9}$

目 ③

08-1	④	08-2	6	08-3	31	08-4	①

08-1

$f(x)=\dfrac{1-x^6}{1-x}$에서

$f'(x)=\dfrac{(1-x^6)'(1-x)-(1-x^6)(1-x)'}{(1-x)^2}$

$\qquad =\dfrac{(-6x^5)(1-x)+(1-x^6)}{(1-x)^2}$

$\qquad =\dfrac{-6x^5+6x^6+1-x^6}{(1-x)^2}$

$\qquad =\dfrac{5x^6-6x^5+1}{(1-x)^2}$

$\qquad =\dfrac{x^5(5x-6)+1}{(1-x)^2}$

따라서

$f'\left(\dfrac{6}{5}\right)=\dfrac{1}{\left(1-\dfrac{6}{5}\right)^2}=25$

目 ④

08-2

함수 $f\left(\dfrac{3}{x+1}\right)$에서 $g(x)=\dfrac{3}{x+1}$으로 놓으면

$f\left(\dfrac{3}{x+1}\right)=f(g(x))$

$y=f(g(x))$라 하면

$y'=f'(g(x))g'(x)$

$\quad =f'\left(\dfrac{3}{x+1}\right)\times\left\{-\dfrac{3}{(x+1)^2}\right\}$

$\quad =-\dfrac{3}{(x+1)^2}f'\left(\dfrac{3}{x+1}\right)$

따라서 함수 $f\left(\dfrac{3}{x+1}\right)$의 $x=0$에서의 미분계수는

$-3f'(3)=(-3)\times(-2)=6$

目 6

08-3

$f(x)=\dfrac{1}{4}x-\ln(2x^2+n)$에서

$f'(x)=\dfrac{1}{4}-\dfrac{4x}{2x^2+n}$

$\qquad =\dfrac{2x^2-16x+n}{8x^2+4n}$

$8x^2+4n>0$이므로 함수 $f(x)$가 극댓값과 극솟값을 모두 가지려면 이차방정식 $2x^2-16x+n=0$이 서로 다른 두 실근을 가져야 한다.

이차방정식 $2x^2-16x+n=0$의 판별식을 D라 하면

$\dfrac{D}{4}=(-8)^2-2n>0$에서

$64-2n>0$, 즉 $n<32$

따라서 구하는 자연수 n의 최댓값은 31이다.

目 31

08-4

$g(x)=\sqrt{f(x)}$라 하면

$\displaystyle\lim_{h\to 0}\dfrac{\sqrt{f(1+h)}-\sqrt{f(1)}}{h}=\lim_{h\to 0}\dfrac{g(1+h)-g(1)}{h}$

$\qquad\qquad\qquad\qquad\qquad =g'(1)$

이때 $g'(x) = \dfrac{f'(x)}{2\sqrt{f(x)}}$이므로

$g'(1) = \dfrac{f'(1)}{2\sqrt{f(1)}}$

$f(3x-2) = x^2 - x + 9$의 양변에 $x=1$을 대입하면

$f(1) = 9$

$f(3x-2) = x^2 - x + 9$의 양변을 x에 대하여 미분하면

$f'(3x-2) \times 3 = 2x - 1$

즉, $f'(3x-2) = \dfrac{2x-1}{3}$

이 식의 양변에 $x=1$을 대입하면

$f'(1) = \dfrac{1}{3}$

따라서 구하는 값은

$g'(1) = \dfrac{f'(1)}{2\sqrt{f(1)}}$

$= \dfrac{\dfrac{1}{3}}{2 \times 3} = \dfrac{1}{18}$

답 ①

|다른 풀이|

$f(3x-2) = x^2 - x + 9$ ...... ㉠

㉠의 양변에 $x=1$을 대입하면

$f(1) = 9$

㉠의 양변을 x에 대하여 미분하면

$f'(3x-2) \times 3 = 2x - 1$

즉, $f'(3x-2) = \dfrac{2x-1}{3}$ ...... ㉡

㉡의 양변에 $x=1$을 대입하면

$f'(1) = \dfrac{1}{3}$

따라서

$\displaystyle\lim_{h \to 0} \dfrac{\sqrt{f(1+h)} - \sqrt{f(1)}}{h}$

$= \displaystyle\lim_{h \to 0} \left\{ \dfrac{f(1+h) - f(1)}{h} \times \dfrac{1}{\sqrt{f(1+h)} + \sqrt{f(1)}} \right\}$

$= f'(1) \times \dfrac{1}{2\sqrt{f(1)}}$

$= \dfrac{1}{3} \times \dfrac{1}{2\sqrt{9}} = \dfrac{1}{18}$

---

09 매개변수로 나타내어진 함수, 음함수의 미분법

수능 유형 체크 본문 39쪽

$x = t + \dfrac{a}{t}$, $y = t - \dfrac{a}{t}$에서

$\dfrac{dx}{dt} = 1 - \dfrac{a}{t^2}$, $\dfrac{dy}{dt} = 1 + \dfrac{a}{t^2}$

$\dfrac{dy}{dx} = \dfrac{\dfrac{dy}{dt}}{\dfrac{dx}{dt}} = \dfrac{1 + \dfrac{a}{t^2}}{1 - \dfrac{a}{t^2}} = \dfrac{t^2 + a}{t^2 - a}$ (단, $t^2 \neq a$)

$t=3$일 때의 미분계수가 $\dfrac{1}{2}$이므로

$\dfrac{3^2 + a}{3^2 - a} = \dfrac{1}{2}$에서

$9 - a = 18 + 2a$, $a = -3$

그러므로 $x = t - \dfrac{3}{t}$, $y = t + \dfrac{3}{t}$,

$\dfrac{dy}{dx} = \dfrac{t^2 - 3}{t^2 + 3}$

한편,

$\displaystyle\lim_{h \to 0} \dfrac{f(-2+h) - f(-2)}{2h} = \dfrac{1}{2} \lim_{h \to 0} \dfrac{f(-2+h) - f(-2)}{h}$

$= \dfrac{1}{2} f'(-2)$

$x = t - \dfrac{3}{t}$에서

$-2 = t - \dfrac{3}{t}$, $t^2 + 2t - 3 = 0$, $(t+3)(t-1) = 0$

$t > 0$이므로 $t = 1$

따라서 $\dfrac{dy}{dx} = \dfrac{1^2 - 3}{1^2 + 3} = -\dfrac{1}{2}$이므로

$\dfrac{1}{2} f'(-2) = \dfrac{1}{2} \times \left(-\dfrac{1}{2} \right) = -\dfrac{1}{4}$

답 ②

수능의 감을 쑥쑥 키워주는 수능 유제 본문 40~41쪽

09-1	④	09-2	④	09-3	②	09-4	⑤

09-1

$2x^2 + 4xy + 5y^2 = 30$에서 y를 x의 함수로 보고, 양변을 x에 대하여 미분하면

$\dfrac{d}{dx}(2x^2) + \dfrac{d}{dx}(4xy) + \dfrac{d}{dx}(5y^2) = \dfrac{d}{dx}(30)$

$4x + 4\left(y + x\dfrac{dy}{dx} \right) + 10y\dfrac{dy}{dx} = 0$

$2x + 2y + 2x\dfrac{dy}{dx} + 5y\dfrac{dy}{dx} = 0$

$\dfrac{dy}{dx} = -\dfrac{2(x+y)}{2x+5y}$ (단, $2x+5y \neq 0$)

따라서 점 $(1, 2)$에서의 접선의 기울기는

$-\dfrac{2(x+y)}{2x+5y}$에 $x=1$, $y=2$를 대입한 값과 같으므로

$-\dfrac{2 \times (1+2)}{2 \times 1 + 5 \times 2} = -\dfrac{1}{2}$

답 ④

09-2

$x = 3 + \cos\theta$, $y = 1 - \sin\theta$에서

$\dfrac{dx}{d\theta} = -\sin\theta$, $\dfrac{dy}{d\theta} = -\cos\theta$이므로

$\dfrac{dy}{dx} = \dfrac{\dfrac{dy}{d\theta}}{\dfrac{dx}{d\theta}} = \dfrac{\cos\theta}{\sin\theta} = \cot\theta$ (단, $\sin\theta \neq 0$)

$\theta = a$에 대응하는 점에서의 접선의 기울기는 $\cot a$이고 기울기가 -2인 직선과 수직이므로

$\cot a \times (-2) = -1$에서 $\cot a = \dfrac{1}{2}$, 즉

$\tan a = 2$, $\dfrac{\sin a}{\cos a} = 2$

따라서 $\sin a = 2\cos a$

이므로 $k = 2$

답 ④

09-3

주어진 식에서 y를 x의 함수로 보고, 양변을 x에 대하여 미분하면

$\dfrac{d}{dx}(x^2) + \dfrac{d}{dx}(y^2) + \dfrac{d}{dx}(ax^2y^2) + \dfrac{d}{dx}(b) = 0$

$2x + 2y\dfrac{dy}{dx} + 2axy^2 + ax^2 \times 2y\dfrac{dy}{dx} = 0$

$2y(ax^2+1)\dfrac{dy}{dx} = -2x(ay^2+1)$

$\dfrac{dy}{dx} = -\dfrac{x(ay^2+1)}{y(ax^2+1)}$ (단, $y \neq 0$이고 $ax^2 \neq -1$)

$x=1$, $y=2$일 때, $-\dfrac{4a+1}{2(a+1)} = 1$

에서 $a = -\dfrac{1}{2}$ ...... ㉠

또, 음함수 $x^2 + y^2 + ax^2y^2 + b = 0$에 $x=1$, $y=2$를 대입하면

$1 + 4 + 4a + b = 0$ ...... ㉡

㉠, ㉡에서 $b = -3$

따라서 $ab = \left(-\dfrac{1}{2}\right) \times (-3) = \dfrac{3}{2}$

답 ②

09-4

$\dfrac{dx}{dt} = 2t$, $\dfrac{dy}{dt} = 3t^2 + 1$이므로

$\dfrac{dy}{dx} = \dfrac{\dfrac{dy}{dt}}{\dfrac{dx}{dt}} = \dfrac{3t^2+1}{2t}$ (단, $t \neq 0$)

한편, $t^2 = 1$에서 $t = \pm 1$ ...... ㉠

$t^3 + t + 1 = 3$에서 $t^3 + t - 2 = 0$,

$(t-1)(t^2+t+2) = 0$

$t = 1$ 또는 $t^2 + t + 2 = 0$ ...... ㉡

따라서 ㉠, ㉡을 모두 만족시키는 t의 값은 $t = 1$ ...... ㉢

그러므로 점 $(1, 3)$에서의 접선의 기울기는

$\dfrac{dy}{dx} = \dfrac{3 \times 1^2 + 1}{2 \times 1} = 2$

$\dfrac{3t^2+1}{2t} = 2$에서 $3t^2 - 4t + 1 = 0$

$(t-1)(3t-1) = 0$이므로

㉢에서 $t \neq 1$이므로 $t = \dfrac{1}{3}$

따라서 $a = \left(\dfrac{1}{3}\right)^2 = \dfrac{1}{9}$, $f(a) = f\left(\dfrac{1}{3}\right) = \left(\dfrac{1}{3}\right)^3 + \dfrac{1}{3} + 1 = \dfrac{37}{27}$

이므로

$a + f(a) = \dfrac{1}{9} + \dfrac{37}{27} = \dfrac{40}{27}$

답 ⑤

10 역함수의 미분법

수능 유형 체크   본문 43쪽

$h(x) = \dfrac{1}{\sqrt{g(x)}}$이라 하면

$h'(x) = \dfrac{-\dfrac{1}{2}\{g(x)\}^{-\frac{1}{2}}g'(x)}{g(x)}$

$= -\dfrac{g'(x)}{2g(x)\sqrt{g(x)}}$

이고, $f(1) = 3$에서 $g(3) = 1$이므로

$g'(3) = \dfrac{1}{f'(g(3))} = \dfrac{1}{f'(1)} = \dfrac{1}{6}$

$$\lim_{x \to 3} \frac{\frac{1}{\sqrt{g(x)}} - \frac{1}{\sqrt{g(3)}}}{x-3} = \lim_{x \to 3} \frac{h(x) - h(3)}{x-3}$$
$$= h'(3)$$
$$= -\frac{g'(3)}{2g(3)\sqrt{g(3)}}$$
$$= -\frac{\frac{1}{6}}{2 \times 1 \times 1} = -\frac{1}{12}$$

답 ①

수능의 감을 쑥쑥 키워주는 **수능 유제**							본문 44~45쪽
10-1	⑤	**10-2**	4	**10-3**	③	**10-4**	④

10-1

$1 = (y^5 - 2)^3$에서 $y^5 - 2 = 1$, 즉
$y^5 - 3 = 0$이므로 $y = \sqrt[5]{3}$
$$\frac{dx}{dy} = 3(y^5 - 2)^2 \times 5y^4 = 15y^4(y^5-2)^2$$
이므로 $\dfrac{dy}{dx} = \dfrac{1}{15y^4(y^5-2)^2}$ ...... ㉠

㉠에 $y = \sqrt[5]{3}$을 대입하면 $\dfrac{1}{15\sqrt[5]{3^4}}$

답 ⑤

10-2

$\lim\limits_{x \to 1} \dfrac{f(x)-5}{x-1} = \dfrac{1}{2}$에서 $x \to 1$일 때 (분모) $\to 0$이고 극한값
이 존재하므로 (분자) $\to 0$이어야 한다.
즉, $\lim\limits_{x \to 1}\{f(x)-5\} = 0$
실수 전체의 집합에서 미분가능한 함수 $f(x)$는 $x=1$에서 연속
이므로 $\lim\limits_{x \to 1}\{f(x)-5\} = f(1) - 5 = 0$에서
$f(1) = 5$
$$\lim_{x \to 1} \frac{f(x)-5}{x-1} = \lim_{x \to 1} \frac{f(x)-f(1)}{x-1}$$
$$= f'(1) = \frac{1}{2}$$
함수 $g(x)$는 함수 $f(x)$의 역함수이므로
$f(1) = 5$이면 $g(5) = 1$이다.
한편, $\{g(x)\}^2$의 도함수는 $2g(x)g'(x)$이고
$$g'(5) = \frac{1}{f'(1)} = 2$$
따라서 함수 $\{g(x)\}^2$의 $x=5$에서의 미분계수는
$2g(5)g'(5) = 2 \times 1 \times 2 = 4$

답 4

10-3

$\lim\limits_{x \to 1} \dfrac{f(x)-4}{x^2-1} = 2$에서
$x \to 1$일 때 (분모) $\to 0$이고 극한값이 존재하므로 (분자) $\to 0$
이어야 한다.
즉, $\lim\limits_{x \to 1}\{f(x)-4\} = 0$
실수 전체의 집합에서 미분가능한 함수 $f(x)$는 $x=1$에서 연속
이므로 $\lim\limits_{x \to 1}\{f(x)-4\} = f(1) - 4 = 0$에서
$f(1) = 4$
따라서
$$\lim_{x \to 1} \frac{f(x)-4}{x^2-1} = \lim_{x \to 1} \frac{f(x)-f(1)}{x^2-1}$$
$$= \lim_{x \to 1}\left\{\frac{f(x)-f(1)}{x-1} \times \frac{1}{x+1}\right\}$$
$$= \lim_{x \to 1}\frac{f(x)-f(1)}{x-1} \times \lim_{x \to 1}\frac{1}{x+1}$$
$$= f'(1) \times \frac{1}{2} = 2$$
이므로 $f'(1) = 4$
함수 $f(-x+2)$의 역함수가 $g(x)$이므로
$g(f(-x+2)) = x$ ...... ㉠
㉠의 양변을 x에 대하여 미분하면
$g'(f(-x+2))f'(-x+2)(-x+2)' = 1$
$-g'(f(-x+2))f'(-x+2) = 1$ ...... ㉡
㉡의 양변에 $x=1$을 대입하면
$-g'(f(1))f'(1) = 1$
이때 $f(1) = f'(1) = 4$이므로
$-g'(4) \times 4 = 1$
따라서
$$g'(4) = -\frac{1}{4}$$

답 ③

10-4

곡선 $y = f(x)$가 점 $(1, 5)$를 지나므로
$f(1) = 5$
또, 점 $(1, 5)$에서의 접선의 기울기가 $\dfrac{1}{4}$이므로
$$f'(1) = \frac{1}{4}$$
함수 $f(2x+3)$의 역함수가 $g(x)$이므로
$g(f(2x+3)) = x$ ...... ㉠
㉠의 양변을 x에 대하여 미분하면

$g'(f(2x+3))f'(2x+3)(2x+3)'=1$

$2g'(f(2x+3))f'(2x+3)=1$ $\qquad\qquad$ ...... ⓒ

ⓒ의 양변에 $x=-1$을 대입하면

$2g'(f(1))f'(1)=1$

이때 $f(1)=5$, $f'(1)=\dfrac{1}{4}$이므로

$2g'(5)\times\dfrac{1}{4}=1$

따라서

$g'(5)=2$

답 ④

|참고|

미분가능한 함수 $f(x)$의 역함수를 $g(x)$라 할 때, 곡선
$y=f(x)$ 위의 점 (p, q)에서의 접선의 기울기는 $f'(p)$이고,
곡선 $y=g(x)$ 위의 점 (q, p)에서의 접선의 기울기는
$g'(q)=\dfrac{1}{f'(p)}$이다.

⑪ 접선의 방정식

수능 유형 체크

본문 47쪽

$f(x)=e^{x-1}$으로 놓으면

$f'(x)=e^{x-1}$

이때 접점의 좌표를 (t, e^{t-1})이라 하면 이 점에서의 접선의 기
울기는 $f'(t)=e^{t-1}$이므로 접선의 방정식은

$y-e^{t-1}=e^{t-1}(x-t)$ $\qquad\qquad$ ...... ㉠

직선 ㉠이 점 $(n \ln 5, 0)$을 지나므로

$0-e^{t-1}=e^{t-1}(n \ln 5-t)$

$e^{t-1}(n \ln 5-t+1)=0$

$e^{t-1}>0$이므로

$n \ln 5-t+1=0$

즉, $t=n \ln 5+1$

따라서 점 $(n \ln 5, 0)$에서 곡선 $y=e^{x-1}$에 그은 접선의 접점
의 y좌표 a_n은

$a_n=e^{t-1}=e^{(n\ln 5+1)-1}$

$\quad\;\;=e^{n \ln 5}=e^{\ln 5^n}=5^n$

이므로

$\displaystyle\sum_{n=1}^{\infty}\dfrac{1}{a_n}=\sum_{n=1}^{\infty}\dfrac{1}{5^n}$

$\qquad\quad=\dfrac{\dfrac{1}{5}}{1-\dfrac{1}{5}}=\dfrac{1}{4}$

답 ③

수능의 감을 쑥쑥 키워주는 **수능 유제**   본문 48~49쪽

11-1	②	11-2	④	11-3	5	11-4	5

11-1

$f(x)=\ln x$, $g(x)=ax^2$으로 놓으면

$f'(x)=\dfrac{1}{x}$, $g'(x)=2ax$

접점의 x좌표를 t라 하면 두 곡선이 같은 접선을 가지므로

$f(t)=g(t)$에서

$\ln t=at^2$ $\qquad\qquad$ ...... ㉠

$f'(t)=g'(t)$에서

$\dfrac{1}{t}=2at$ $\qquad\qquad$ ...... ㉡

㉡에서 $a=\dfrac{1}{2t^2}$이므로 ㉠에 대입하면

$\ln t=\dfrac{1}{2}$

즉, $t=\sqrt{e}$이므로 $a=\dfrac{1}{2e}$

이때 접선의 방정식은

$y-\dfrac{1}{2}=\dfrac{1}{\sqrt{e}}(x-\sqrt{e})$

즉, $y=\dfrac{1}{\sqrt{e}}x-\dfrac{1}{2}$

따라서 $a=\dfrac{1}{2e}$, $m=\dfrac{1}{\sqrt{e}}$, $n=-\dfrac{1}{2}$이므로

$\dfrac{m^2}{a}+n=2+\left(-\dfrac{1}{2}\right)=\dfrac{3}{2}$

답 ②

11-2

$f(x)=3x \ln x$로 놓으면

$f'(x)=3 \ln x+3=3(\ln x+1)$이므로

$x=1$에서의 접선의 기울기는 $f'(1)=3$

이때 곡선 $y=3x \ln x$ 위의 점 $(1, 0)$에서의 접선과 수직인 직
선의 기울기는 $-\dfrac{1}{3}$이므로 직선 l의 방정식은

$y-0=-\dfrac{1}{3}(x-1)$

$$y = -\frac{1}{3}x + \frac{1}{3}$$

즉, $x + 3y - 1 = 0$

따라서 점 $(2, 3)$과 직선 l 사이의 거리는

$$\frac{|1 \times 2 + 3 \times 3 - 1|}{\sqrt{1^2 + 3^2}} = \frac{10}{\sqrt{10}} = \sqrt{10}$$

답 ④

11-3

곡선 $y = \sqrt{x}$ 위의 점 $(a, \sqrt{a})$에서의 접선의 기울기

$y' = \frac{1}{2\sqrt{x}}$에서 $\frac{1}{2\sqrt{a}}$이다.

따라서 접선 l의 방정식은 $y - \sqrt{a} = \frac{1}{2\sqrt{a}}(x - a)$, 즉

$$y = \frac{1}{2\sqrt{a}}x + \frac{\sqrt{a}}{2}$$

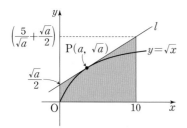

직선 l은 점 $\left(10, \frac{5}{\sqrt{a}} + \frac{\sqrt{a}}{2}\right)$을 지나므로 그림에서 사다리꼴의

넓이는

$$\frac{1}{2} \times \left(\frac{\sqrt{a}}{2} + \frac{5}{\sqrt{a}} + \frac{\sqrt{a}}{2}\right) \times 10$$

$$= 5\left(\sqrt{a} + \frac{5}{\sqrt{a}}\right) = 10\sqrt{5}$$

에서 $\sqrt{a} + \frac{5}{\sqrt{a}} - 2\sqrt{5} = 0$, 즉

$$(\sqrt{a})^2 - 2\sqrt{5}\sqrt{a} + 5 = 0$$

$\sqrt{a} = t(t > 0)$라 하면

$t^2 - 2\sqrt{5}\,t + 5 = 0$, $(t - \sqrt{5})^2 = 0$

에서 $t = \sqrt{5}$

$\sqrt{a} = \sqrt{5}$, 즉 $a = 5$

답 5

11-4

$f(x) = (x - 4)e^x$으로 놓으면

$f'(x) = e^x + (x - 4)e^x = (x - 3)e^x$

이때 접점의 좌표를 $(t, (t - 4)e^t)$이라 하면 이 점에서의 접선의 기울기는 $f'(t) = (t - 3)e^t$이므로 접선의 방정식은

$$y - (t - 4)e^t = (t - 3)e^t(x - t)$$

즉, $y = (t - 3)e^t x - (t^2 - 4t + 4)e^t$

이 직선이 점 $(a, 0)$을 지나므로

$0 = (t - 3)e^t a - (t^2 - 4t + 4)e^t$

$\{t^2 - (a + 4)t + (3a + 4)\}e^t = 0$

$e^t > 0$이므로

$t^2 - (a + 4)t + (3a + 4) = 0$ ⋯⋯ ㉠

두 개의 접선을 그으려면 접점이 두 개이어야 하므로

이차방정식 ㉠이 서로 다른 두 실근을 가져야 한다.

이차방정식 ㉠의 판별식을 D라 하면

$$D = (a + 4)^2 - 4(3a + 4) > 0$$

$a^2 - 4a > 0$

$a(a - 4) > 0$

즉, $a < 0$ 또는 $a > 4$

따라서 자연수 a의 최솟값은 5이다.

답 5

|참고| 이차방정식의 근과 판별식

계수 a, b, c가 실수인 이차방정식 $ax^2 + bx + c = 0$ $(a \neq 0)$에서

$D = b^2 - 4ac$라 하면

(1) $D > 0 \Longleftrightarrow$ 서로 다른 두 실근을 갖는다.

(2) $D = 0 \Longleftrightarrow$ 중근을 갖는다.

(3) $D < 0 \Longleftrightarrow$ 서로 다른 두 허근을 갖는다.

12 함수의 그래프

수능 유형 체크
본문 51쪽

$f(x) = x^2 + 4x \ln x$에서

$f'(x) = 2x + 4\ln x + 4$

$f''(x) = 2 + \frac{4}{x}$

ㄱ. $f'(1) = 2 + 4\ln 1 + 4$

$\qquad = 2 + 0 + 4$

$\qquad = 6$ (참)

ㄴ. $f''(x) = 2 + \frac{4}{x}$이므로 양수 x에 대하여

$\quad f''(x) > 0$

즉, 함수 $f'(x)$는 구간 $(0, \infty)$에서 증가하므로

$a < b$이면 $f'(a) < f'(b)$이다. (참)

ㄷ. $f'(e^{-2})=\dfrac{2}{e^2}-4$

이때 $2<e^2$에서 $\dfrac{2}{e^2}<1$이므로

$\dfrac{2}{e^2}-4<-3$

즉, $f'(e^{-2})<0$, $f'(1)=6>0$이고

함수 $f'(x)$가 닫힌 구간 $[e^{-2},\ 1]$에서 연속이므로

사이값 정리에 의하여 방정식 $f'(c)=0$인 c가 열린 구간 $(e^{-2},\ 1)$에 적어도 하나 존재한다.

그런데 $f''(x)=2+\dfrac{4}{x}$이므로

$f''(c)=2+\dfrac{4}{c}>0$

따라서 함수 $f(x)$가 $x=c$에서 극솟값을 갖는 c가 열린 구간 $(e^{-2},\ 1)$에 존재한다. (참)

따라서 옳은 것은 ㄱ, ㄴ, ㄷ이다.

답 ⑤

수능의 감을 쑥쑥 키워주는 수능 유제   본문 52~53쪽

| 12-1 | ① | 12-2 | ① | 12-3 | ④ | 12-4 | ③ |

12-1

$f'(x)=\dfrac{a(x^2+1)-ax\times 2x}{(x^2+1)^2}=\dfrac{-ax^2+a}{(x^2+1)^2}$

$\qquad\ =-\dfrac{a}{(x^2+1)^2}(x+1)(x-1)$

에서 $f'(0)=2$이므로 $a=2$

$f(x)=\dfrac{2x}{x^2+1}$이고

$f'(x)=-\dfrac{2}{(x^2+1)^2}(x+1)(x-1)=0$에서

$x=-1$ 또는 $x=1$

x	$\cdots$	-1	$\cdots$	1	$\cdots$
$f'(x)$	$-$	0	$+$	0	$-$
$f(x)$	$\searrow$	$f(-1)$	$\nearrow$	$f(1)$	$\searrow$

그러므로 $x=1$일 때 극댓값을 갖는다.

따라서 $f(1)=\dfrac{2}{1^2+1}=1$

답 ①

12-2

$f(x)=\left(\ln\dfrac{1}{ax}\right)^2$이라 하면

$f(x)=(-\ln ax)^2=(\ln ax)^2$에서

$f'(x)=2\ln ax\times\dfrac{a}{ax}=\dfrac{2\ln ax}{x}$

$f''(x)=\dfrac{\dfrac{2}{x}\times x-2\ln ax}{x^2}=\dfrac{2(1-\ln ax)}{x^2}$

$f''(x)=0$에서 $x=\dfrac{e}{a}$

$x<\dfrac{e}{a}$일 때, $f''(x)>0$이고

$x>\dfrac{e}{a}$일 때, $f''(x)<0$이다.

따라서 $x=\dfrac{e}{a}$의 좌우에서 $f''(x)$의 부호가 바뀌므로 변곡점의 좌표는 $\left(\dfrac{e}{a},\ 1\right)$

변곡점이 직선 $y=2x-3$ 위에 있으므로

$\dfrac{2e}{a}-3=1$에서 $\dfrac{2e}{a}=4$

따라서 $a=\dfrac{1}{2}e$

답 ①

12-3

$f(x)=\dfrac{\sin x}{\cos x+2}$에서

$f'(x)=\dfrac{(\sin x)'(\cos x+2)-\sin x(\cos x+2)'}{(\cos x+2)^2}$

$\qquad\ =\dfrac{\cos x(\cos x+2)-\sin x\times(-\sin x)}{(\cos x+2)^2}$

$\qquad\ =\dfrac{2\cos x+1}{(\cos x+2)^2}$

$f'(x)=0$에서 $\cos x=-\dfrac{1}{2}$

이때 $0\le x\le 2\pi$이므로

$x=\dfrac{2}{3}\pi$ 또는 $x=\dfrac{4}{3}\pi$

함수 $f(x)$의 증가와 감소를 표로 나타내면 다음과 같다.

x	0	$\cdots$	$\dfrac{2}{3}\pi$	$\cdots$	$\dfrac{4}{3}\pi$	$\cdots$	2π
$f'(x)$		$+$	0	$-$	0	$+$	
$f(x)$	0	$\nearrow$	극대	$\searrow$	극소	$\nearrow$	0

함수 $f(x)$는 $x=\dfrac{2}{3}\pi$에서 극대이면서 최대이고, $x=\dfrac{4}{3}\pi$에서 극소이면서 최소이다.

따라서 $a=\dfrac{2}{3}\pi$, $b=\dfrac{4}{3}\pi$이므로

$a+b=\dfrac{2}{3}\pi+\dfrac{4}{3}\pi=2\pi$

답 ④

12-4

$f(x)=\ln(x^2+6)$에서

$f'(x)=\dfrac{2x}{x^2+6}$

$f''(x)=\dfrac{(2x)'(x^2+6)-2x(x^2+6)'}{(x^2+6)^2}$

$\qquad=\dfrac{2(x^2+6)-2x\times2x}{(x^2+6)^2}$

$\qquad=\dfrac{-2x^2+12}{(x^2+6)^2}$

ㄱ. $x>0$에서 $f'(x)>0$이므로 함수 $f(x)$는 구간 $(0,\infty)$에서 증가한다. (참)

ㄴ. $-\sqrt{6}<x<\sqrt{6}$에서 $f''(x)>0$이므로 $y=f(x)$의 그래프는 아래로 볼록하다.

그러므로 $f\left(\dfrac{x_1+x_2}{2}\right)<\dfrac{f(x_1)+f(x_2)}{2}$이다. (거짓)

ㄷ. $f''(x)=0$에서

$-2x^2+12=0$

$x^2=6$

$x=-\sqrt{6}$ 또는 $x=\sqrt{6}$

$x=-\sqrt{6}$, $x=\sqrt{6}$의 좌우에서 $f''(x)$의 부호가 바뀌므로 함수 $f(x)$의 변곡점의 개수는 2이다. (참)

따라서 옳은 것은 ㄱ, ㄷ이다.

답 ③

---

⑬ 방정식과 부등식에의 활용

수능 유형 체크   본문 55쪽

$f(x)=ax^2-\ln x$로 놓으면 $x>0$에서 방정식 $f(x)=0$이 실근을 가져야 한다.

$f'(x)=2ax-\dfrac{1}{x}$

$\qquad=\dfrac{2ax^2-1}{x}$

$f''(x)=2a+\dfrac{1}{x^2}$

$x>0$이므로 $f'(x)=0$에서 $x=\dfrac{1}{\sqrt{2a}}$

이때 $f''\left(\dfrac{1}{\sqrt{2a}}\right)=4a>0$이므로 함수 $f(x)$는

$x=\dfrac{1}{\sqrt{2a}}$에서 극소이면서 최소이다.

또, $\displaystyle\lim_{x\to0+}f(x)=\infty$이므로 방정식 $f(x)=0$이 실근을 가지려면

$f\left(\dfrac{1}{\sqrt{2a}}\right)=\dfrac{1}{2}-\ln\dfrac{1}{\sqrt{2a}}\le0$이어야 한다. 즉

$0<a\le\dfrac{1}{2e}$

따라서 양수 a의 최댓값은 $\dfrac{1}{2e}$이다.

답 ①

수능의 감을 쑥쑥 키워주는 수능 유제							본문 56~57쪽
13-1	①	13-2	③	13-3	78	13-4	②

13-1

방정식 $\ln x=ax$의 실근의 개수는 $y=\ln x$의 그래프와 $y=ax$의 그래프의 교점의 개수와 같으므로 $y=\ln x$의 그래프와 $y=ax$의 그래프는 접한다.

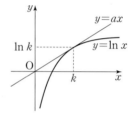

그러므로 $y=\ln x$ 위의 점 $(k,\ln k)$에서의 접선의 방정식은

$y-\ln k=\dfrac{1}{k}(x-k)$ …… ㉠

㉠이 $y=ax$와 같아야 하므로 원점을 지난다.

$\ln k=1$에서 $k=e$ …… ㉡

㉠에 ㉡을 대입하면

구하는 원점을 지나는 접선의 방정식은

$y=\dfrac{1}{e}x$이므로 $a=\dfrac{1}{e}$

답 ①

13-2

$f(x)=\sin x+2\cos x+3x^2\ (x>0)$으로 놓으면

$f'(x)=\cos x-2\sin x+6x$

그런데 $f''(x)=-\sin x-2\cos x+6>0$이므로 $f'(x)$는 실수 전체의 집합에서 증가하는 함수이다.

$x>0$에서 $f'(x)>f'(0)=1$

또한, $f'(x)>1>0$이므로 $f(x)$는 실수 전체의 집합에서 증가하는 함수이다.

$x>0$에서 $f(x)>f(0)=2$

따라서 모든 양수 x에 대하여 $f(x)>k$가 성립하도록 하는 k의

값의 범위는

$f(x) > 2 \geq k$에서 $k \leq 2$

따라서 k의 최댓값은 2이다.

답 ③

13-3

$x \ln x + x - 12 + n = 0$에서 $x \ln x + x = 12 - n$이므로

방정식 $x \ln x + x = 12 - n$이 실근을 가지려면

$y = x \ln x + x$의 그래프와 $y = 12 - n$의 그래프가 만나야 한다.

$f(x) = x \ln x + x$로 놓으면

$f'(x) = \ln x + x \times \dfrac{1}{x} + 1$

$\qquad = \ln x + 2$

$f'(x) = 0$에서 $\ln x = -2$이므로

$x = e^{-2}$

진수의 조건에서 $x > 0$이므로 함수 $f(x)$의 증가와 감소를 표로 나타내면 다음과 같다.

x	(0)	$\cdots$	e^{-2}	$\cdots$
$f'(x)$		$-$	0	$+$
$f(x)$		$\searrow$	극소	$\nearrow$

함수 $f(x)$는 $x = e^{-2}$에서 극소이면서 최소이므로 최솟값은

$f(e^{-2}) = -e^{-2}$

이때 주어진 방정식이 실근을 가지려면 $12 - n \geq -e^{-2}$이어야

한다. 즉

$n \leq 12 + e^{-2}$

따라서 자연수 n은 1, 2, 3, $\cdots$, 12이므로 구하는 모든 자연수

n의 값의 합은

$1 + 2 + 3 + \cdots + 12 = \dfrac{12(1+12)}{2} = 78$

답 78

13-4

$f(x) = \dfrac{x}{x^2 + 4}$로 놓으면

$f'(x) = \dfrac{(x)'(x^2+4) - x(x^2+4)'}{(x^2+4)^2}$

$\qquad = \dfrac{(x^2+4) - 2x^2}{(x^2+4)^2}$

$\qquad = \dfrac{-x^2 + 4}{(x^2+4)^2}$

$\qquad = \dfrac{-(x+2)(x-2)}{(x^2+4)^2}$

$f'(x) = 0$에서 $x = -2$ 또는 $x = 2$

함수 $f(x)$의 증가와 감소를 표로 나타내면 다음과 같다.

x	$\cdots$	-2	$\cdots$	2	$\cdots$
$f'(x)$	$-$	0	$+$	0	$-$
$f(x)$	$\searrow$	극소	$\nearrow$	극대	$\searrow$

또, $\displaystyle\lim_{x \to -\infty} f(x) = \lim_{x \to -\infty} \dfrac{x}{x^2+4} = \lim_{x \to -\infty} \dfrac{\dfrac{1}{x}}{1 + \dfrac{4}{x^2}} = 0$,

$\displaystyle\lim_{x \to \infty} f(x) = \lim_{x \to \infty} \dfrac{x}{x^2+4} = \lim_{x \to \infty} \dfrac{\dfrac{1}{x}}{1 + \dfrac{4}{x^2}} = 0$이므로

함수 $f(x)$는 $x = -2$에서 극소이면서 최소이고, $x = 2$에서 극대

이면서 최대이다. 이때 함수 $y = f(x)$의 그래프는 그림과 같다.

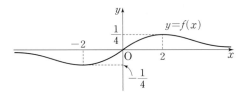

함수 $f(x)$의 최솟값은 $f(-2) = \dfrac{-2}{(-2)^2 + 4} = -\dfrac{1}{4}$이므로

모든 실수 x에 대하여 $f(x) \geq f(-2) = -\dfrac{1}{4}$이다.

즉, 모든 실수 x에 대하여 부등식 $\dfrac{x}{x^2+4} \geq a$가 성립하려면

$a \leq -\dfrac{1}{4}$이어야 한다.

따라서 실수 a의 최댓값은 $-\dfrac{1}{4}$이다.

답 ②

14 속도와 가속도

수능 유형 체크   본문 59쪽

점 Q는 점 P에서 x축 위에 내린 수선의 발이므로 점 Q의 x좌

표는 점 P의 x좌표와 같고 점 Q의 y의 좌표는 0이다.

즉, 점 P의 좌표가 (x, y)일 때, 점 Q의 좌표는 $Q(x, 0)$이고

이동 속도가 1이므로 t초 후의 점 Q의 좌표는 $Q(1+t, 0)$이다.

$y = \dfrac{6}{x}$이므로 점 P의 좌표는 $P\left(1+t, \dfrac{6}{1+t}\right)$이다.

즉, $x = 1 + t$, $y = \dfrac{6}{1+t}$

$\dfrac{dx}{dt}=1$, $\dfrac{dy}{dt}=-\dfrac{6}{(1+t)^2}$ 이므로

속도는 $\left(1,\ -\dfrac{6}{(1+t)^2}\right)$ 이다.

따라서 점 P가 점 $(2,\ 3)$을 지날 때, $t=1$이므로

속도는 $\left(1,\ -\dfrac{3}{2}\right)$ 이다.

따라서 속도의 크기는

$\sqrt{1^2+\left(-\dfrac{3}{2}\right)^2}=\dfrac{\sqrt{13}}{2}$

답 ②

수능의 감을 쑥쑥 키워주는 **수능 유제**							본문 60~61쪽
14-1	③	**14-2**	④	**14-3**	①	**14-4**	3

14-1

$x=e^{3t}$에서 시각 t에서의 속도는

$\dfrac{dx}{dt}=3e^{3t}$

이므로 시각 t에서의 가속도는

$\dfrac{d^2x}{dt^2}=9e^{3t}$

따라서 $t=2$일 때의 점 P의 가속도는

$9e^6$

답 ③

14-2

$x=t-2$, $y=t^2-4t$에서 $\qquad\qquad$ …… ㉠

$\dfrac{dx}{dt}=1$, $\dfrac{dy}{dt}=2t-4$

시각 t에서의 속도는 $(1,\ 2t-4)$이므로 속력은

$\sqrt{1^2+(2t-4)^2}=\sqrt{4(t-2)^2+1}$

그러므로 속력은 $t=2$일 때 최소이고 이때의 위치는 ㉠에서

$x=0$, $y=-4$이므로 $(0,\ -4)$이다.

처음 출발할 때, 즉 $t=0$일 때의 점 P의 위치는

㉠에서 $(-2,\ 0)$이므로 구하는 거리는

$\sqrt{2^2+(-4)^2}=2\sqrt{5}$

답 ④

14-3

ㄱ. 점 P의 시각 t에서의 속도를 구하면

$\quad\dfrac{dx}{dt}=-2\sin 2t$, $\dfrac{dy}{dt}=2\cos 2t$

$\quad$에서 $(-2\sin 2t,\ 2\cos 2t)$

$\quad t=\pi$일 때 점 P의 속도는 $(0,\ 2)$ (참)

ㄴ. ㄱ에서 점 P의 속력은

$\quad\sqrt{\left(\dfrac{dx}{dt}\right)^2+\left(\dfrac{dy}{dt}\right)^2}=\sqrt{4(\cos^2 2t+\sin^2 2t)}=2$

$\quad$이므로 점 P의 속력은 항상 일정하다. (거짓)

ㄷ. 점 P의 가속도는

$\quad\dfrac{d^2x}{dt^2}=-4\cos 2t$, $\dfrac{d^2y}{dt^2}=-4\sin 2t$

$\quad$가속도의 크기는

$\quad\sqrt{\left(\dfrac{d^2x}{dt^2}\right)^2+\left(\dfrac{d^2y}{dt^2}\right)^2}=\sqrt{16(\cos^2 2t+\sin^2 2t)}=4$

$\quad$이므로 항상 일정하다. 그러므로 속력과 가속도의 크기가

$\quad$같아질 때는 없다.

따라서 옳은 것은 ㄱ 이다.

답 ①

14-4

$\left(\dfrac{dx}{dt}\right)^2=\{f'(t)\}^2=t^2\{g(t)\}^2$

$\left(\dfrac{dy}{dt}\right)^2=\{g'(t)\}^2=t^2\{f(t)\}^2$이므로

$\left(\dfrac{dx}{dt}\right)^2+\left(\dfrac{dy}{dt}\right)^2=t^2[\{f(t)\}^2+\{g(t)\}^2]$

그런데 $f'(t)=tg(t)$, $g'(t)=-tf(t)$이므로

$[\{f(t)\}^2+\{g(t)\}^2]'=2f(t)f'(t)+2g(t)g'(t)$

$\qquad\qquad\qquad\qquad\quad=2tf(t)g(t)-2tf(t)g(t)$

$\qquad\qquad\qquad\qquad\quad=0$

에서 $\{f(t)\}^2+\{g(t)\}^2$은 상수함수이다.

$\{f(0)\}^2+\{g(0)\}^2=0+k^2=k^2$이므로

$\{f(t)\}^2+\{g(t)\}^2=k^2$

그러므로

$\left(\dfrac{dx}{dt}\right)^2+\left(\dfrac{dy}{dt}\right)^2=t^2[\{f(t)\}^2+\{g(t)\}^2]=k^2t^2$

점 P의 속도의 크기는 $\sqrt{\left(\dfrac{dx}{dt}\right)^2+\left(\dfrac{dy}{dt}\right)^2}=\sqrt{k^2t^2}$이고

$t=2$일 때의 점 P의 속도의 크기는 6이므로

$\sqrt{k^2\times 2^2}=6$에서 $k^2=9$

$k>0$이므로 $k=3$

답 3

|참고|

$f(t)=5\sin\dfrac{t^2}{2}$, $g(t)=5\cos\dfrac{t^2}{2}$이면

$f'(t)=5t\cos\dfrac{t^2}{2}=tg(t)$, $g'(t)=-5t\sin\dfrac{t^2}{2}=-tf(t)$이다.

Ⅲ. 적분법

15 여러 가지 함수의 부정적분과 정적분

$$\int_0^x (x-t)f(t)dt = \int_0^x \{xf(t)-tf(t)\}dt$$
$$= \int_0^x xf(t)dt - \int_0^x tf(t)dt$$
$$= x\int_0^x f(t)dt - \int_0^x tf(t)dt$$

이고 $\ln x^3 = 3\ln x$이므로

$$x\int_0^x f(t)dt - \int_0^x tf(t)dt - x^2 = 3\ln x$$

에서 양변을 x에 대하여 미분하면

$$\int_0^x f(t)dt + xf(x) - xf(x) - 2x = \frac{3}{x}$$ 즉,

$$\int_0^x f(t)dt = 2x + \frac{3}{x}$$

다시 양변을 x에 대하여 미분하면

$$f(x) = 2 - \frac{3}{x^2}$$

따라서 $f(2) = \frac{5}{4}$

답 ⑤

15-1	②	15-2	⑤	15-3	④	15-4	④

15-1

$f(x) = \int \cos 2x\,dx = \frac{1}{2}\sin 2x + C$ (단, C는 적분상수)에서

$f(0) = 0 + C = \frac{1}{2}$이므로 $C = \frac{1}{2}$

따라서 $f(x) = \frac{1}{2}\sin 2x + \frac{1}{2}$이므로

$f\left(\frac{\pi}{12}\right) = \frac{1}{2}\sin\frac{\pi}{6} + \frac{1}{2} = \frac{1}{2} \times \frac{1}{2} + \frac{1}{2} = \frac{3}{4}$

답 ②

15-2

$x^2 \tan x + (2+x^3)\cos x$
$= x^2 \tan x + 2\cos x + x^3 \cos x$이고,
$f(x) = x^2 \tan x$, $g(x) = 2\cos x$, $h(x) = x^3 \cos x$라 하면

$f(-x) = (-x)^2 \tan(-x) = -x^2 \tan x = -f(x)$,
$g(-x) = 2\cos(-x) = 2\cos x = g(x)$,
$h(-x) = (-x)^3 \cos(-x) = -x^3 \cos x = -h(x)$

$$\int_{-\frac{\pi}{4}}^{\frac{\pi}{4}} \{x^2 \tan x + (2+x^3)\cos x\}dx$$
$$= \int_{-\frac{\pi}{4}}^{\frac{\pi}{4}} x^2 \tan x\,dx + 2\int_{-\frac{\pi}{4}}^{\frac{\pi}{4}} \cos x\,dx + \int_{-\frac{\pi}{4}}^{\frac{\pi}{4}} x^3 \cos x\,dx$$
$$= 4\int_0^{\frac{\pi}{4}} \cos x\,dx$$
$$= 4\Big[\sin x\Big]_0^{\frac{\pi}{4}}$$
$$= 4\left(\frac{\sqrt{2}}{2} - 0\right) = 2\sqrt{2}$$

답 ⑤

15-3

$f(x) = \dfrac{3x-7}{(x-3)(x-1)}$에서

$f(x+1) = \dfrac{3(x+1)-7}{x(x-2)} = \dfrac{3x-4}{x(x-2)}$

$\dfrac{3x-4}{x(x-2)} = \dfrac{A}{x} + \dfrac{B}{x-2}$로 놓으면

$\dfrac{A}{x} + \dfrac{B}{x-2} = \dfrac{(A+B)x-2A}{x(x-2)}$이므로

$\dfrac{3x-4}{x(x-2)} = \dfrac{(A+B)x-2A}{x(x-2)}$에서

$A+B=3$, $2A=4$이므로

$A=2$, $B=1$

그러므로 $\dfrac{3x-4}{x(x-2)} = \dfrac{2}{x} + \dfrac{1}{x-2}$

$$\int_1^4 f(x+1)dx = \int_1^4 \left(\frac{2}{x} + \frac{1}{x-2}\right)dx$$
$$= \Big[2\ln|x| + \ln|x-2|\Big]_1^4$$
$$= (2\ln 4 + \ln 2) - (2\ln 1 + \ln 1)$$
$$= \ln 32$$

답 ④

15-4

$\dfrac{d}{dx}\{f(x)\sin x\} = f(x)\cos x + f'(x)\sin x$이므로

$$f(x)\sin x = \int \left(\frac{1}{\sqrt{x}} - \frac{2}{x}\right)dx$$
$$= \int \left(x^{-\frac{1}{2}} - \frac{2}{x}\right)dx$$
$$= 2\sqrt{x} - 2\ln x + C$$ (단, C는 적분상수)

양변에 $x=1$을 대입하면

$f(1)\sin 1 = 2 - 0 + C$에서

$\dfrac{2}{\sin 1} \times \sin 1 = 2 + C$

이므로 $C=0$

따라서 $f(x)\sin x = 2\sqrt{x} - 2\ln x$에서

$f(x) = \dfrac{2}{\sin x}(\sqrt{x} - \ln x)$이므로

$f\left(\dfrac{\pi}{6}\right) = \dfrac{2}{\sin \dfrac{\pi}{6}}\left(\sqrt{\dfrac{\pi}{6}} - \ln \dfrac{\pi}{6}\right)$

$\qquad = 4\left(\sqrt{\dfrac{\pi}{6}} - \ln \dfrac{\pi}{6}\right)$

답 ④

16 치환적분법

수능 유형 체크 본문 67쪽

$\displaystyle\int_e^{e^2} f(x)\,dx - \int_{e^4}^{e^2} f(x)\,dx$

$= \displaystyle\int_e^{e^2} f(x)\,dx + \int_{e^2}^{e^4} f(x)\,dx$

$= \displaystyle\int_e^{e^4} f(x)\,dx$

$= \displaystyle\int_e^{e^4} \dfrac{\sqrt{\ln x}}{x}\,dx$

$\ln x = t$로 놓으면 $\dfrac{dt}{dx} = \dfrac{1}{x}$이고

$x=e$일 때 $t=1$, $x=e^4$일 때 $t=4$이므로

$\displaystyle\int_e^{e^4} \dfrac{\sqrt{\ln x}}{x}\,dx = \int_1^4 \sqrt{t}\,dt$

$\qquad = \displaystyle\int_1^4 t^{\frac{1}{2}}\,dt$

$\qquad = \left[\dfrac{2}{3}t^{\frac{3}{2}}\right]_1^4$

$\qquad = \dfrac{2}{3}(8-1) = \dfrac{14}{3}$

답 ②

수능의 감을 쑥쑥 키워주는 수능 유제 본문 68~69쪽

16-1	④	16-2	③	16-3	20	16-4	②

16-1

$x-2=t$로 놓으면 $\dfrac{dt}{dx}=1$이고,

$x=3$일 때, $t=1$

$x=6$일 때, $t=4$이므로

$\displaystyle\int_3^6 \dfrac{x-1}{\sqrt{x-2}}=dx$

$= \displaystyle\int_1^4 \dfrac{(t+2)-1}{\sqrt{t}}\,dt$

$= \displaystyle\int_1^4 \dfrac{t+1}{\sqrt{t}}\,dt$

$= \displaystyle\int_1^4 (t^{\frac{1}{2}} + t^{-\frac{1}{2}})\,dt$

$= \left[\dfrac{2}{3}t^{\frac{3}{2}} + 2t^{\frac{1}{2}}\right]_1^4$

$= \left(\dfrac{16}{3}+4\right) - \left(\dfrac{2}{3}+2\right)$

$= \dfrac{20}{3}$

답 ④

16-2

$\cos 2x = t$로 놓으면 $\dfrac{dt}{dx} = -2\sin 2x$이고

$x=0$일 때 $t=1$, $x=\dfrac{\pi}{4}$일 때 $t=0$이므로

$\displaystyle\int_0^{\frac{\pi}{4}} \cos^2 2x \sin 2x\,dx = -\dfrac{1}{2}\int_1^0 t^2\,dt$

$\qquad = \dfrac{1}{2}\displaystyle\int_0^1 t^2\,dt$

$\qquad = \dfrac{1}{2}\left[\dfrac{1}{3}t^3\right]_0^1 = \dfrac{1}{6}$

답 ③

16-3

$a_{n+1} = \displaystyle\int_0^{\frac{\pi}{4}} \tan^{2n+2} x\,dx$

$\qquad = \displaystyle\int_0^{\frac{\pi}{4}} \tan^{2n} x(\sec^2 x - 1)\,dx$

$\qquad = \displaystyle\int_0^{\frac{\pi}{4}} \tan^{2n} x \sec^2 x\,dx - \int_0^{\frac{\pi}{4}} \tan^{2n} x\,dx$ ...... ㉠

그런데 $a_n = \displaystyle\int_0^{\frac{\pi}{4}} \tan^{2n} x\,dx$이고

$\displaystyle\int_0^{\frac{\pi}{4}} \tan^{2n} x \sec^2 x\,dx$에서

$\tan x = t$라 하면 $\dfrac{dt}{dx} = \sec^2 x$

$x=0$이면 $t=0$, $x=\dfrac{\pi}{4}$이면 $t=1$이므로

$\displaystyle\int_0^{\frac{\pi}{4}} \tan^{2n} x \sec^2 x\, dx$

$=\displaystyle\int_0^1 t^{2n}\, dt$

$=\left[\dfrac{1}{2n+1} t^{2n+1}\right]_0^1$

$=\dfrac{1}{2n+1}$

㉠에서 $a_{n+1}=\dfrac{1}{2n+1}-a_n$, 즉

$a_{n+1}+a_n=\dfrac{1}{2n+1}$이므로

$a_9+a_{10}=\dfrac{1}{2\times 9+1}=\dfrac{1}{19}$

따라서 $p+q=1+19=20$

답 20

16-4

$f(x)=\displaystyle\int_e^x \dfrac{(\ln t)^3}{t}\, dt$의 양변을 x에 대하여 미분하면

$f'(x)=\dfrac{(\ln x)^3}{x}$

$f'(x)=0$에서 $x=1$이고

$0<x<1$일 때 $f'(x)<0$, $x>1$일 때 $f'(x)>0$이므로 함수 $f(x)$는 $x=1$에서 극소이고 극솟값 $f(1)$을 갖는다.

$f(1)=\displaystyle\int_e^1 \dfrac{(\ln t)^3}{t}\, dt$에서

$\ln t=u$로 놓으면 $\dfrac{du}{dt}=\dfrac{1}{t}$이고

$t=e$일 때 $u=1$, $t=1$일 때 $u=0$이므로

$f(1)=\displaystyle\int_1^0 u^3\, du$

$=-\displaystyle\int_0^1 u^3\, du$

$=-\left[\dfrac{1}{4}u^4\right]_0^1=-\dfrac{1}{4}$

따라서 $a=1$, $b=-\dfrac{1}{4}$이므로

$a+b=1+\left(-\dfrac{1}{4}\right)=\dfrac{3}{4}$

답 ②

부분적분법

$f(-x)=-xe^{|-x|}=-xe^{|x|}=-f(x)$이므로

$\displaystyle\int_{-1}^1 f'(x)(4-\sin \pi x)\, dx$

$=\left[f(x)(4-\sin \pi x)\right]_{-1}^1 - \displaystyle\int_{-1}^1 f(x)(-\pi \cos \pi x)\, dx$

$=4f(1)-4f(-1)+\pi\displaystyle\int_{-1}^1 f(x)\cos \pi x\, dx$

$=4f(1)+4f(1)+\pi\displaystyle\int_{-1}^1 f(x)\cos \pi x\, dx$

$=8f(1)+\pi\displaystyle\int_{-1}^1 f(x)\cos \pi x\, dx$

이때 $f(1)=e$이고

$f(x)\cos \pi x=g(x)$로 놓으면

$g(-x)=f(-x)\cos(-\pi x)$

$=-f(x)\cos \pi x$

$=-g(x)$

이므로

$\displaystyle\int_{-1}^1 g(x)\, dx=\displaystyle\int_{-1}^1 f(x)\cos \pi x\, dx=0$

따라서 구하는 값은

$8f(1)+\pi\displaystyle\int_{-1}^1 f(x)\cos \pi x\, dx=8e+0=8e$

답 ④

17-1	①	17-2	③	17-3	④	17-4	8

17-1

$\displaystyle\int_0^{\pi} x \cos x\, dx$에서

$f(x)=x$, $g'(x)=\cos x$로 놓으면

$f'(x)=1$, $g(x)=\sin x$이므로

$\displaystyle\int_0^{\pi} x \cos x\, dx=\left[x \sin x\right]_0^{\pi} - \displaystyle\int_0^{\pi} \sin x\, dx$

$=0-\left[-\cos x\right]_0^{\pi}$

$=-(1+1)=-2$

답 ①

17-2

$\displaystyle\int_1^{e^2} \frac{\ln x}{x^2}\,dx$에서

$f(x)=\ln x,\ g'(x)=\dfrac{1}{x^2}$로 놓으면

$f'(x)=\dfrac{1}{x},\ g(x)=-\dfrac{1}{x}$이므로

$$\int_1^{e^2} \frac{\ln x}{x^2}\,dx=\Big[-\frac{1}{x}\ln x\Big]_1^{e^2}-\int_1^{e^2}\Big(-\frac{1}{x^2}\Big)\,dx$$
$$=-\frac{2}{e^2}+\int_1^{e^2}\frac{1}{x^2}\,dx$$
$$=-\frac{2}{e^2}+\Big[-\frac{1}{x}\Big]_1^{e^2}$$
$$=1-\frac{3}{e^2}$$

답 ③

17-3

$F'(\theta)=\theta\cos\Big(\theta+\dfrac{\pi}{6}\Big)$

$0<\theta<\dfrac{\pi}{2}$이고 $\dfrac{\pi}{6}<\theta+\dfrac{\pi}{6}<\dfrac{2}{3}\pi$이므로

$F'(\theta)=\theta\cos\Big(\theta+\dfrac{\pi}{6}\Big)=0$에서 $\cos\Big(\theta+\dfrac{\pi}{6}\Big)=0$

$\theta+\dfrac{\pi}{6}=\dfrac{\pi}{2}$, 즉 $\theta=\dfrac{\pi}{3}$

함수 $F(\theta)$의 증가와 감소를 표로 나타내면 다음과 같다.

θ	0	$\cdots$	$\dfrac{\pi}{3}$	$\cdots$	$\dfrac{\pi}{2}$
$f'(\theta)$	0	$+$	0	$-$	
$f(\theta)$		↗		↘	

그러므로 함수 $F(\theta)$는 $\theta=\dfrac{\pi}{3}$일 때, 최대이다.

$$F\Big(\frac{\pi}{3}\Big)=\int_0^{\frac{\pi}{3}} x\cos\Big(x+\frac{\pi}{6}\Big)dx$$
$$=\Big[x\sin\Big(x+\frac{\pi}{6}\Big)\Big]_0^{\frac{\pi}{3}}-\int_0^{\frac{\pi}{3}}\sin\Big(x+\frac{\pi}{6}\Big)dx$$
$$=\frac{\pi}{3}\sin\frac{\pi}{2}+\Big[\cos\Big(x+\frac{\pi}{6}\Big)\Big]_0^{\frac{\pi}{3}}$$
$$=\frac{\pi}{3}\sin\frac{\pi}{2}+\cos\frac{\pi}{2}-\cos\frac{\pi}{6}$$
$$=\frac{\pi}{3}-\frac{\sqrt{3}}{2}$$

답 ④

17-4

$\displaystyle\lim_{x\to 1}\frac{f(x)-2}{x-1}=3$에서

$x\to 1$일 때 (분모)$\to 0$이고 극한값이 존재하므로 (분자)$\to 0$
이어야 한다.

즉, $\displaystyle\lim_{x\to 1}\{f(x)-2\}=0$

실수 전체의 집합에서 미분가능한 함수 $f(x)$는 $x=1$에서 연속
이므로 $\displaystyle\lim_{x\to 1}\{f(x)-2\}=f(1)-2=0$에서

$f(1)=2$

조건 (가)에서

$\displaystyle\lim_{x\to 1}\frac{f(x)-f(1)}{x-1}=f'(1)=3$

$\displaystyle\lim_{x\to 2}\frac{f(x)+1}{x-2}=4$에서

$x\to 2$일 때 (분모)$\to 0$이고 극한값이 존재하므로 (분자)$\to 0$
이어야 한다.

즉, $\displaystyle\lim_{x\to 2}\{f(x)+1\}=0$

실수 전체의 집합에서 미분가능한 함수 $f(x)$는 $x=2$에서 연속
이므로

$\displaystyle\lim_{x\to 2}\{f(x)+1\}=f(2)+1=0$에서

$f(2)=-1$

조건 (나)에서

$\displaystyle\lim_{x\to 2}\frac{f(x)-f(2)}{x-2}=f'(2)=4$

따라서

$$\int_1^2 xf''(x)dx=\Big[xf'(x)\Big]_1^2-\int_1^2 f'(x)dx$$
$$=\{2f'(2)-f'(1)\}-\Big[f(x)\Big]_1^2$$
$$=(2\times 4-3)-\{f(2)-f(1)\}$$
$$=5-(-1-2)=8$$

답 8

18 급수와 정적분

$$\lim_{n\to\infty}\frac{\pi}{n}\sum_{k=1}^{n}\tan\frac{k\pi}{3n}$$

$$=3\lim_{n\to\infty}\sum_{k=1}^{n}\tan\frac{k\pi}{3n}\cdot\frac{\pi}{3n}$$

$$=3\int_{0}^{\frac{\pi}{3}}\tan x\,dx$$

$$=3\int_{0}^{\frac{\pi}{3}}\frac{\sin x}{\cos x}\,dx$$

$$=-3\int_{0}^{\frac{\pi}{3}}\frac{(\cos x)'}{\cos x}\,dx$$

$$=-3\Big[\ln(\cos x)\Big]_{0}^{\frac{\pi}{3}}$$

$$=-3\Big(\ln\frac{1}{2}-\ln 1\Big)$$

$$=-3\ln 2^{-1}=3\ln 2$$

답 ⑤

18-1	②	18-2	②	18-3	①	18-4	④

18-1

$$\lim_{n\to\infty}\Big(\frac{1}{n+2}+\frac{1}{n+4}+\frac{1}{n+6}+\cdots+\frac{1}{n+2n}\Big)$$

$$=\lim_{n\to\infty}\frac{1}{n}\Big(\frac{1}{1+\frac{2}{n}}+\frac{1}{1+\frac{4}{n}}+\frac{1}{1+\frac{6}{n}}+\cdots+\frac{1}{1+\frac{2n}{n}}\Big)$$

$$=\lim_{n\to\infty}\sum_{k=1}^{n}\frac{1}{1+\frac{2k}{n}}\cdot\frac{1}{n}=\int_{0}^{1}\frac{1}{1+2x}\,dx$$

$$=\frac{1}{2}\Big[\ln|2x+1|\Big]_{0}^{1}=\ln\sqrt{3}$$

답 ②

18-2

$$\lim_{n\to\infty}\frac{\sqrt{1}+\sqrt{2}+\sqrt{3}+\cdots+\sqrt{n}}{n\sqrt{n}}$$

$$=\lim_{n\to\infty}\frac{1}{n}\Big(\sqrt{\frac{1}{n}}+\sqrt{\frac{2}{n}}+\sqrt{\frac{3}{n}}+\cdots+\sqrt{\frac{n}{n}}\Big)$$

$$=\lim_{n\to\infty}\sum_{k=1}^{n}\sqrt{\frac{k}{n}}\cdot\frac{1}{n}$$

$$=\int_{0}^{1}\sqrt{x}\,dx$$

$$=\Big[\frac{2}{3}x^{\frac{3}{2}}\Big]_{0}^{1}$$

$$=\frac{2}{3}$$

답 ②

18-3

$$\lim_{n\to\infty}\frac{e^{\frac{1}{n}}+2e^{\frac{2}{n}}+3e^{\frac{3}{n}}+\cdots+ne^{\frac{n}{n}}}{n^{2}}$$

$$=\lim_{n\to\infty}\frac{1}{n}\Big(\frac{1}{n}e^{\frac{1}{n}}+\frac{2}{n}e^{\frac{2}{n}}+\frac{3}{n}e^{\frac{3}{n}}+\cdots+\frac{n}{n}e^{\frac{n}{n}}\Big)$$

$$=\lim_{n\to\infty}\sum_{k=1}^{n}\frac{k}{n}e^{\frac{k}{n}}\cdot\frac{1}{n}$$

$$=\int_{0}^{1}xe^{x}\,dx=\Big[xe^{x}\Big]_{0}^{1}-\int_{0}^{1}e^{x}\,dx$$

$$=(e-0)-\Big[e^{x}\Big]_{0}^{1}=e-(e-1)=1$$

답 ①

18-4

$y=e^{2x}$에서 $y'=2e^{2x}$이므로 점 $A_{k}\Big(\frac{k}{n},\ e^{\frac{2k}{n}}\Big)$에서의 접선의 기울기는 $2e^{\frac{2k}{n}}$이다.

따라서 점 A_{k}를 지나고 직선 l_{k}에 수직인 직선의 방정식은

$$y-e^{\frac{2k}{n}}=-\frac{1}{2e^{\frac{2k}{n}}}\Big(x-\frac{k}{n}\Big)$$

$y=0$일 때, $x=\frac{k}{n}+2e^{\frac{4k}{n}}$이므로

$$\overline{OP_{k}}=\frac{k}{n}+2e^{\frac{4k}{n}}$$

따라서

$$\lim_{n\to\infty}\frac{1}{n}\sum_{k=1}^{n}\overline{OP_{k}}=\lim_{n\to\infty}\sum_{k=1}^{n}\Big(\frac{k}{n}+2e^{\frac{4k}{n}}\Big)\frac{1}{n}$$

$$=\int_{0}^{1}(x+2e^{4x})\,dx$$

$$=\Big[\frac{1}{2}x^{2}+\frac{1}{2}e^{4x}\Big]_{0}^{1}$$

$$=\Big(\frac{1}{2}+\frac{1}{2}e^{4}\Big)-\Big(0+\frac{1}{2}\Big)=\frac{e^{4}}{2}$$

답 ④

19 넓이와 부피

본문 79쪽

수능 유형 체크

$y=\ln x$에서 $y'=\dfrac{1}{x}$이므로 점 $P(e, 1)$에서의 접선 l의 방정식은

$y-1=\dfrac{1}{e}(x-e)$, 즉 $y=\dfrac{1}{e}x$

접선 l이 x축과 만나는 점을 $O(0, 0)$이므로

삼각형 POH의 넓이는 $\dfrac{1}{2}\times e\times 1=\dfrac{e}{2}$

한편, 곡선 $y=\ln x$와 x축 및 선분 PH로 둘러싸인 도형의 넓이는

$$\int_1^e \ln x\, dx=\Big[\, x\ln x\,\Big]_1^e-\int_1^e 1\, dx$$
$$=\Big[\, x\ln x\,\Big]_1^e-\Big[\, x\,\Big]_1^e$$
$$=e\ln e-(e-1)=1$$

이므로 구하는 넓이는 $\dfrac{e}{2}-1$

답 ①

구하는 넓이를 S라 하면

$$S=\int_{\frac{1}{e}}^{e^2}\left\{\frac{1}{x}-\left(-\frac{2}{x}\right)\right\}dx$$
$$=\int_{\frac{1}{e}}^{e^2}\frac{3}{x}\,dx$$
$$=\Big[\, 3\ln|x|\,\Big]_{\frac{1}{e}}^{e^2}$$
$$=3\ln e^2-3\ln\frac{1}{e}$$
$$=6-(-3)=9$$

답 ④

19-2

$f(x)=\dfrac{\ln x}{x}$에서 $x>0$이고

$$f'(x)=\frac{\frac{1}{x}\times x-\ln x\times 1}{x^2}=\frac{1-\ln x}{x^2}$$

$$f''(x)=\frac{\left(-\frac{1}{x}\right)\times x^2-(1-\ln x)\times 2x}{x^4}=\frac{-3+2\ln x}{x^3}$$

$f'(x)=0$에서 $x=e$

$f''(x)=0$에서 $x=e^{\frac{3}{2}}$

함수 $f(x)$의 증가와 감소를 표로 나타내면 다음과 같다.

x	(0)	$\cdots$	e	$\cdots$	$e^{\frac{3}{2}}$	$\cdots$
$f'(x)$		$+$	0	$-$	$-$	$-$
$f''(x)$		$-$	$-$	$-$	0	$+$
$f(x)$		$\nearrow$	극대	$\searrow$		$\searrow$

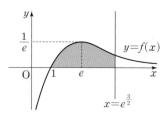

따라서 곡선 $y=f(x)$의 변곡점의 x좌표는 $e^{\frac{3}{2}}$이므로

$a=e^{\frac{3}{2}}$

구하는 넓이를 S라 하면

$$S=\int_1^{e^{\frac{3}{2}}}\frac{\ln x}{x}\,dx$$

$\ln x=t$로 놓으면 $\dfrac{dt}{dx}=\dfrac{1}{x}$이고

수능의 감을 쑥쑥 키워주는 수능 유제

본문 80~81쪽

19-1	④	19-2	④	19-3	20	19-4	34

19-1

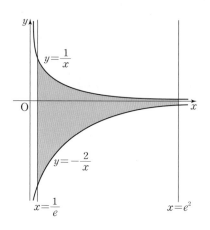

$x=1$일 때 $t=0$, $x=e^{\frac{3}{2}}$일 때 $t=\dfrac{3}{2}$이므로

$$S=\int_0^{\frac{3}{2}} t\,dt=\left[\frac{1}{2}t^2\right]_0^{\frac{3}{2}}=\frac{1}{2}\times\frac{9}{4}=\frac{9}{8}$$

답 ④

19-3

이웃하는 두 변의 길이가 2π, $\cos\sqrt{\pi x}$인 직사각형의 넓이를 $S(x)$라 하면

$$S(x)=2\pi\cos\sqrt{\pi x}$$

구하는 입체도형의 부피를 V라 하면

$$V=\int_0^{\frac{\pi}{4}} S(x)dx=2\pi\int_0^{\frac{\pi}{4}}\cos\sqrt{\pi x}\,dx$$

$\sqrt{\pi x}=t$로 놓으면 $\dfrac{dt}{dx}=\dfrac{\pi}{2\sqrt{\pi x}}=\dfrac{\pi}{2t}$이고

$x=0$일 때 $t=0$, $x=\dfrac{\pi}{4}$일 때 $t=\dfrac{\pi}{2}$이므로

$$V=2\int_0^{\frac{\pi}{2}} 2t\cos t\,dt$$

$$=4\int_0^{\frac{\pi}{2}} t\cos t\,dt$$

$$=4\left\{\left[t\sin t\right]_0^{\frac{\pi}{2}}-\int_0^{\frac{\pi}{2}}\sin t\,dt\right\}$$

$$=4\left\{\frac{\pi}{2}-\left[-\cos t\right]_0^{\frac{\pi}{2}}\right\}$$

$$=4\left(\frac{\pi}{2}-1\right)$$

$$=2\pi-4$$

따라서 $a=2$, $b=-4$이므로

$$a^2+b^2=2^2+(-4)^2=20$$

답 20

19-4

조건 (가)에서 $f(-x)=-f(x)$이므로 곡선 $y=f(x)$는 원점을 지나고 원점에 대하여 대칭이다.

조건 (나)에서 $f(-2)=12$이므로

$$f(2)=-f(-2)=-12 \qquad\cdots\cdots \text{㉠}$$

또, 곡선 $y=f(x)$와 x축 및 두 직선 $x=-2$, $x=2$로 둘러싸인 두 부분의 넓이의 합이 14이므로

$$\int_{-2}^{2}|f(x)|dx=\int_{-2}^{0}f(x)dx-\int_{0}^{2}f(x)dx$$

$$=14 \qquad\cdots\cdots \text{㉡}$$

한편, 조건 (나)에서 $f'(x)\le 0$이므로

$$\begin{cases} xf'(x)\ge 0 \ (-2\le x<0) \\ xf'(x)\le 0 \ (0\le x\le 2) \end{cases}$$

따라서 구하는 넓이를 S라 하면 ㉠, ㉡에 의하여

$$S=\int_{-2}^{2}|xf'(x)|dx$$

$$=\int_{-2}^{0} xf'(x)dx-\int_{0}^{2} xf'(x)dx$$

$$=\left\{\left[xf(x)\right]_{-2}^{0}-\int_{-2}^{0}f(x)dx\right\}-\left\{\left[xf(x)\right]_{0}^{2}-\int_{0}^{2}f(x)dx\right\}$$

$$=\left\{2f(-2)-\int_{-2}^{0}f(x)dx\right\}-\left\{2f(2)-\int_{0}^{2}f(x)dx\right\}$$

$$=2f(-2)-2f(2)-\left\{\int_{-2}^{0}f(x)dx-\int_{0}^{2}f(x)dx\right\}$$

$$=2\times 12-2\times(-12)-14=34$$

답 34

20 속도와 거리

수능 유형 체크   본문 83쪽

$x=r(\cos t+t\sin t)$에서

$$\frac{dx}{dt}=r(-\sin t+\sin t+t\cos t)=rt\cos t$$

$y=r(\sin t-t\cos t)$에서

$$\frac{dy}{dt}=r(\cos t-\cos t+t\sin t)=rt\sin t$$

이므로 $0\le t\le 2$에서 곡선의 길이는

$$\int_0^2 \sqrt{\left(\frac{dx}{dt}\right)^2+\left(\frac{dy}{dt}\right)^2}\,dt$$

$$=\int_0^2 \sqrt{(rt\cos t)^2+(rt\sin t)^2}\,dt$$

$$=\int_0^2 \sqrt{r^2 t^2(\cos^2 t+\sin^2 t)}\,dt$$

$$=\int_0^2 \sqrt{r^2 t^2}\,dt$$

$$=\int_0^2 rt\,dt$$

$$=\left[\frac{rt^2}{2}\right]_0^2$$

$$=2r=10$$

따라서 $r=5$

답 ④

20-1

A가 출발 후 2분 동안 움직인 거리는

$\int_0^2 (3t^2+4t)dt$

$= \left[t^3+2t^2 \right]_0^2$

$= 8+8$

$= 16(\text{m})$

A의 2분 후의 속도는

$3 \times 2^2+4 \times 2=20(\text{m/분})$

이므로 2분 이후부터 10분까지 움직인 거리는

$20 \times 8=160(\text{m})$

따라서 점 A가 10분 동안 움직인 거리는

$16+160=176$

답 ③

20-2

$y=\ln(1-x^2)$에서

$\dfrac{dy}{dx}=\dfrac{-2x}{1-x^2}$

구하는 곡선의 길이는

$\int_0^{\frac{2}{3}} \sqrt{1+\left(\dfrac{dy}{dx}\right)^2} dx$

$= \int_0^{\frac{2}{3}} \sqrt{1+\left(\dfrac{-2x}{1-x^2}\right)^2} dx$

$= \int_0^{\frac{2}{3}} \sqrt{\left(\dfrac{1+x^2}{1-x^2}\right)^2} dx$

$= \int_0^{\frac{2}{3}} \dfrac{1+x^2}{1-x^2} dx$

$= \int_0^{\frac{2}{3}} \left(\dfrac{2}{1-x^2}-1\right) dx$

$= \int_0^{\frac{2}{3}} \left(\dfrac{1}{1+x}+\dfrac{1}{1-x}-1\right) dx$

$= \left[\ln|1+x|-\ln|1-x|-x \right]_0^{\frac{2}{3}}$

$= \ln\dfrac{5}{3}-\ln\dfrac{1}{3}-\dfrac{2}{3}$

$= \ln 5-\dfrac{2}{3}$

답 ③

20-3

ㄱ. $x(1)=-1$, $x(3)=15$이므로

$\int_0^1 v(t)dt=-1<0$, $\int_0^3 v(t)dt=15>0$

그러므로 $1<t<3$일 때, 원점을 지난다. (참)

ㄴ. $x(4)=9$이므로 $\int_0^4 v(t)dt=9$

$\int_1^4 v(t)dt=\int_0^4 v(t)dt-\int_0^1 v(t)dt$

$= 9-(-1)=10$ (거짓)

ㄷ. $v(4-t)=v(4+t)$이므로 $v(t)$의 그래프는 $t=4$에 대하여 대칭이다.

$t=4$에서 $t=7$까지 점 P가 실제로 움직인 거리는

$\int_4^7 |v(t)|dt=\int_1^4 |v(t)|dt$

$= \int_1^3 |v(t)|dt-\int_3^4 |v(t)|dt$ ······ ㉠

그런데 $x(a)=\int_0^a v(t)dt$이므로

$\int_1^3 |v(t)|dt=x(3)-x(1)=15-(-1)=16$ ······ ㉡

$\int_3^4 |v(t)|dt=x(4)-x(3)=9-15=-6$ ······ ㉢

그러므로 ㉡, ㉢을 ㉠에 대입하면

$16-(-6)=22$ (거짓)

따라서 옳은 것은 ㄱ이다.

답 ①

20-4

4초 후의 점 P의 좌표를 $\left(k, \dfrac{e^k+e^{-k}}{2}+100\right)$이라 하자.

4초 동안 점 P가 움직인 거리는 $2 \times 4=8$이므로

$\int_0^k \sqrt{1+\{f'(x)\}^2} dx$

$= \int_0^k \sqrt{1+\left(\dfrac{e^x-e^{-x}}{2}\right)^2} dx$

$= \int_0^k \dfrac{e^x+e^{-x}}{2} dx$

$= \left[\dfrac{e^x-e^{-x}}{2} \right]_0^k$

$= \dfrac{e^k-e^{-k}}{2}=8$

$(e^k)^2-16e^k-1=0$에서 $e^k>0$이므로

$e^k=8+\sqrt{8^2+1}=8+\sqrt{65}$

따라서 $k=\ln(8+\sqrt{65})$

답 ①

수능 기초부터
완벽하게 다지기 위한

수능특강
Light

수능특강 Light 3책 | 국어, 영어 독해, 영어 듣기

· 수능특강과 동일한 영역/스타일로 구성
· 쉬운 기초 문제부터 실전 수준의 문제까지
· 다양한 주제와 소재로 수능 완벽 대응

수능을 준비한다면 꼭 봐야 할 책입니다.

EBS

수능감[感]잡기

수학영역

미적분

정답과
풀이

수많은 수능 고민 해결을 위한
오답률 높은
대표 함정 7개 유형 철저 분석!

수능의 7대 함정 (9책)

국어, 영어, 수학 가형, 수학 나형
생활과 윤리, 사회·문화, 화학Ⅰ, 생명과학Ⅰ, 지구과학Ⅰ